AF391559

CODE

DES

CHEMINS VICINAUX,

OU

MANUEL DU VOYER.

CODE

DES

CHEMINS VICINAUX,

ou

MANUEL DU VOYER.

CONTENANT :

L'INDICATION ET L'OBJET DES LOIS QUI ONT ÉTÉ FAITES SUR LES CHEMINS VICINAUX ; LA LOI DE 1824 QUI NOUS SERT AUJOURD'HUI DE RÈGLE, LES CIRCULAIRES MINISTÉRIELLES, LES ARRÊTÉS PRÉFECTORAUX, LES TABLEAUX, FORMULES ET MODÈLES DE ROLES DE PRESTATIONS, DE DÉLIBÉRATIONS ET DE PROCÈS-VERBAUX ; LA COMPÉTENCE DES DIVERSES AUTORITÉS ADMINISTRATIVES ET JUDICIAIRES, ET LA JURISPRUDENCE DU CONSEIL D'ÉTAT ET DES COURS ROYALES.

AVEC :

L'instruction du ministre des finances sur le recouvrement et la comptabilité.

A PARIS :

Chez ROLLAND LIBRAIRE,

QUAI DES AUGUSTINS, N° 25.

1834.

SARLAT, IMPRIMERIE D'ANTOINE DAURIAC, LIBRAIRE.

INTRODUCTION.

Les chemins vicinaux sont un élément important de prospérité publique.

Leur complet développement doit puissamment contribuer au progrès de l'agriculture, de l'industrie et du commerce. Car c'est par un bon système de viabilité vicinale, combiné avec les grands moyens de communication qui commencent à sillonner le pays, que la France peut espérer de s'élever au degré de richesse et de grandeur où la civilisation l'appelle.

Si l'ordre, la paix et la liberté sont les conditions d'existence des nations modernes, l'industrie doit être la condition de leur gloire et de leur splendeur.

Pour les peuples, comme pour les individus, la puissance semble réservée à la richesse, et la richesse ne s'obtient que par l'industrie et par le travail.

Disons le, la France qui s'est montrée

si hardie jusqu'ici en conquêtes, comme en théories politiques, s'est montrée, depuis plusieurs années, la plus timide peut-être des nations, en fait d'exécutions matérielles.

En présence de l'ère nouvelle qui se lève pour les peuples de l'Europe, il est temps cependant qu'elle songe à y conserver la prépondérance qui lui appartient.

Qu'une noble émulation industrielle soit donc désormais l'objet de nos efforts, le but de nos ambitions.

Que des routes, des canaux, des chemins de fer, des canalisations de fleuves et des chemins vicinaux se tracent et s'établissent sur tous les points de la France, et fassent circuler partout les produits du travail et de la civilisation!

Que l'agriculture enfin, cette industrie mère de toutes les autres industries, puisse fleurir et prospérer! Que le bien-être de l'habitant des campagnes lui permette de consommer les produits de nos manufactures, et c'est ainsi que se développeront toutes nos industries.

C'est incontestablement un bon système de communication qui doit contribuer le plus puissamment à nous amener ces heureux résultats. Car en augmentant la valeur des propriétés rurales, il augmentera les revenus agricoles et multipliera par conséquent l'usage des autres objets de consommation générale. C'est aussi par l'accroissement du revenu que les impôts deviendront plus légers, non par le chiffre, mais par le fait. Il est évident que les charges sont moins lourdes, quand les revenus augmentent. Ce sont là des vérités que nous enseignent les premiers élémens de l'économie politique.

Mais, de tous les moyens de communication, les plus négligés jusqu'ici, et les seuls dont nous ayons eu l'intention de nous occuper, en publiant ce *recueil*, ce sont les chemins vicinaux. Cependant, ce sont les petites communications qui alimentent les grandes. Ce sont elles qui reçoivent d'abord les produits sur les lieux même de la production, pour les transporter sur les marchés, et les jeter ensuite dans la circulation générale.

Des intérêts matériels et des intérêts moraux de la plus grave importance convient donc le gouvernement, les chambres, l'administration, tous les bons citoyens, à faire de cette question l'objet de leur plus sérieuse sollicitude.

Déjà un honorable député, M. Vatout, s'est fait l'organe, à la tribune, dans la session qui vient de finir, des plaintes qui s'élèvent de toutes parts contre un tel abandon. Il s'est demandé comment il se faisait qu'une question aussi vitale pour le pays ait été jusqu'à ce jour si dédaignée.

Il reproche, avec vérité, à la législation actuelle, de ne pas laisser au pouvoir assez de moyens d'action. Il y a lieu d'espérer que le projet de loi qui, d'après sa proposition, a été présenté à la chambre, produira d'heureux effets s'il est adopté.

Ce projet de loi a pour but d'appliquer, jusqu'à un certain point, le grand et fécond principe de la centralisation, sagement combiné, à la législation qui doit régir les chemins vicinaux.

Les conseils généraux vont être appelés à donner leur avis sur ce projet de loi. Très probablement il obtiendra leur approbation. Il ne paraît d'ailleurs guère susceptible d'éprouver de grandes modifications. Mais si quelques vœux d'amélioration étaient émis, il nous semble qu'en pareille matière on fera bien de donner le plus d'action possible à l'administration départementale.

C'est à l'administration départementale à résoudre le problème de prospérité sociale dont tous les hommes qui ont de la portée sentent la nécessité. « Qu'on songe bien, ainsi que l'a dit un homme d'esprit, M. Ymbert, membre du conseil général de l'Aisne, que ce sont les Préfets et les Sous-Préfets qui, par leur position, sont appelés à solliciter les trois quarts de la population de la France aux améliorations matérielles et intellectuelles de la vie de progrès. »

Sous l'empire de la législation actuelle sur les chemins vicinaux, des résultats remarquables ont cependant été obtenus. M. Siméon, Préfet des Vosges, M. Larreguy, Préfet de la Charente, M. Romieu, Préfet de la Dordogne, ont fait une distinction entre les chemins vicinaux. M. Larreguy a appelé *chemins arrondissementaux*, et M. Romieu *chemins de grandes communications*, ce qui est la même chose sous un nom différent, les chemins qui ont pour objet évident d'assurer entre deux chefs-lieux de cantons les communications les plus avantageuses aux transports des produits de l'industrie agricole et commerciale, ou qui sont indispensables à l'effet de procurer à un chef-lieu de canton des relations faciles vers un chef-lieu d'arrondissement, ou lui donner les moyens d'aboutir soit à une route royale ou départementale, soit enfin à un port de rivière navigable.

Au moyen de cette classification des chemins, et des réglemens qu'ils ont faits en conséquence, les lignes vicinales importantes se trouvant sous la surveillance directe de l'administration supérieure, ne sont plus livrées aux efforts isolés et à l'inexpérience des communes (1). Désormais on pourra, avec l'aide de *voyers* intelligens, obtenir quelque chose de coordonné et de complet dans les départemens dont les conseils généraux voudront s'imposer des centimes extraordinaires pour leurs chemins.

C'est en effet par le vote d'un certain nombre de centimes départementaux, qui

____

(1) Voyez page 95.

formeraient un fond commun, qu'on pourra imprimer à la petite voirie le mouvement désiré.

Ce système a déjà été appliqué avec succès par le Préfet de la Charente, d'accord avec le conseil général de ce département. M. Larreguy a fait terminer, en moins de trois mois, 19,063 mètres de chaussées et ouvrir en plus 17,000 mètres de routes. Et cela au moyen de 32,312 francs de fonds départementaux et de prestations évaluées en argent à 12,682 francs. Ainsi le mètre linéaire de route n'a coûté en argent que 1 franc 65 centimes et les chaussées, sont aussi bien tracées, aussi solidement confectionnées que le sont celles exécutées sous la direction de l'administration des ponts et chaussées.

Ces chemins ont une largeur uniforme de 6 mètres entre fossés. La chaussée a 4 mètres de largeur, bordure comprise. Leur épaisseur est de 30 centimètres, formée de deux couches.

Voilà les résultats que le Préfet de la Charente a obtenus en 1832. Depuis cette époque les communications de son département ont fait d'immenses progrès.

Il n'y a donc plus lieu de condamner le système des prestations en nature, comme l'a fait M. Saulnier, Préfet du Loiret, dans l'écrit infiniment remarquable qu'il a publié sur la centralisation. On voit ce que ce système peut produire avec l'impulsion que lui donnent les fonds départementaux.

On n'a, en fait d'argent, que très peu à attendre des ressources des communes qui n'ont, le plus souvent, que deux ou trois cents francs de revenu, tandis qu'on obtient par la prestation, exigée aussi rigoureusement que le paiement de toute autre contribution, une valeur quatre fois plus considérable que ne produirait l'imposition des 5 centimes.

Il nous reste à signaler le parti qu'on peut encore tirer de la vente des terrains communaux que possèdent improductivement un très grand nombre de communes, et les ressources qu'on peut trouver dans les souscriptions des grands propriétaires. Ce dernier moyen a été employé avec succès dans l'arrondissement que j'administre. Une souscription, en pareil cas, n'est pas seulement un acte patriotique, mais elle est encore un acte d'intérêt personnel bien entendu.

Si donc sous l'empire de la législation actuelle on peut ouvrir des communications vicinales avec les moyens que nous venons d'indiquer, il importe aussi de faire connaître aux fonctionnaires, chargés de la surveillance des chemins, les dispositions légales et administratives qui règlent la matière. Ces documents éparts çà et là, ou entassés pêle-mêle dans beaucoup d'archives municipales, sont toujours inconnus aux uns ou oubliés par les autres. Et cette ignorance a contribué plus qu'on ne pense à l'état d'abandon dans lequel se trouvent les chemins vicinaux.

Il était donc nécessaire de publier un code voyer à l'usage des fonctionnaires de l'ordre administratif et judiciaire chargés d'en faire exécuter les dispositions.

Les moyens d'exécution qu'on trouvera indiqués dans ce *recueil*, avec l'exemple que nous offrent les trois administrateurs distingués que nous venons de citer, nous font espérer qu'une administration active peut encore faire du bien. C'est dans cette conviction que nous nous sommes décidés à publier, en attendant la nouvelle loi, ce petit code-voyer.

Nous serons heureux si on en retire quelque utilité.

Le Sous-Préfet de l'arrondissement de Sarlat,

M. CADIOT.

AVERTISSEMENT.

Le code-voyer que nous publions contient : l'indication et l'objet des lois qui ont été faites sur cette matière ; la loi de 1824 qui nous sert aujourd'hui de règle ; les circulaires ministérielles, les arrêtés Préfectoraux ; les formules et modèles de rôles de prestations, de délibérations et de procès-verbaux ; la compétence des diverses autorités administratives et judiciaires et la jurisprudence du conseil d'état et des cours du Royaume.

Nous aurions bien voulu avant de publier ce volume que le projet de M. Vatout eut été converti en loi, mais nous avons pensé que cette loi pouvait encore se faire attendre longtemps, et qu'en attendant notre manuel pouvait être utile soit pour la création de nouveaux chemins vicinaux, soit pour l'entretien et la conservation de ceux qui existent. Au surplus, ce recueil renferme tout ce qu'il importe de savoir maintenant, et nous publierons cette loi, aussitôt qu'elle sera promulguée, comme complément de notre manuel, avec les instructions et les arrêtés Préfectoraux qu'elle nécessitera et nous indiquerons tout ce qui sera abrogé.

M. Vatout n'a-t-il pas dit :

« Il est bien entendu que tous les cas non prévus dans la présente loi restent sous l'empire des autres branches de la législation générale. » Or, le présent volume qui sera la 1re partie du manuel, dont la loi en projet sera la 2me partie, contient tout ce qui régit les chemins vicinaux jusqu'en 1834.

LÉGISLATION.

18 *décembre* 1789. Loi portant que le pouvoir municipal est chargé sous la surveillance de l'autorité supérieure administrative d'entretenir les chemins communaux.

15 *août* 1790. Loi concernant les plantations sur les chemins publics.

11 *septembre* 1790. Loi qui place dans les attributions des juges du district la police judiciaire des chemins vicinaux.

14 *octobre* 1790. Loi qui charge l'autorité administrative de fixer les alignemens des chemins vicinaux.

6 *octobre* 1791. Loi portant que les chemins vicinaux reconnus par le pouvoir administratif seront entretenus aux frais des communes et que les particuliers qui les auront dégradés ou ceux qui auraient pratiqués quelques empiétemens seront tenus de remettre les choses en état.

28 *août* 1792. Loi sur la propriété des arbres existant sur les chemins.

11 *juillet* 1797.—B. 132. Loi relative à la confection d'un état général des chemins.

1er *décembre* 1778.—B. 247. Loi portant que les dépenses faites sur les chemins communaux sont des dépenses communales.

A.

17 *février* 1800.-B. 17. Loi portant que les conseils municipaux régleront les travaux à faire sur les chemins communaux.

23 *juillet* 1800.-B. 203. Loi. Les conseils municipaux feront connaître le moyen le plus convenable pour la réparation des chemins.

28 *février* 1805.-B. 35. Loi concernant les plantations sur les routes et chemins vicinaux.

Toutes ces lois sont en vigueur dans tous les points auxquels la loi du 28 juillet 1824 n'a point dérogé.

Loi du 28 juillet 1824-B. 685.

Art. 1. Les chemins reconnus par un arrêté du Préfet sur une délibération du conseil municipal, pour être nécessaires à la communication des communes, sont à la charge de celles sur le territoire desquelles ils sont établis; sauf le cas prévu par l'article 9 ci-après. (1)

Article 2. Lorsque les revenus des communes ne suffisent point aux dépenses ordinaires de ces chemins, il y est pourvu par des prestations en argent ou eu nature au choix des contribuables.

Article 3. Tout habitant, chef de famille ou d'établissement, à titre de propriétaire, de régisseur, de fermier ou de colon partiaire, qui est porté sur l'un des rôles des contributions directes, peut être tenu pour chaque année :

A une prestation, qui ne peut excéder deux journées de travail, ou leur valeur en argent, pour

---

(1) Le Préfet fixe la direction, la longueur, et la largeur des chemins. Il peu: décider dans un sens opposé aux délibérations des Conseils Municipaux,

lui et pour chacun de ses fils vivant avec lui , ainsi que pour chacun de ses domestiques mâles, pourvu que les uns et les autres soient valides et âgés de vingt ans accomplis. (1)

A fournir deux journées , au plus, de chaque bête de trait ou de somme, de chaque cheval de selle ou d'attelage de luxe , et de chaque charrette, en sa possession, pour son service ou pour le service dont il est chargé.

Article 4. En cas d'insuffisance des moyens ci-dessus , il pourra être perçu sur tout contribuable jusqu'à cinq centimes additionels au principal de ses contributions directes. (2)

Article 5. Les prestations et les cinq centimes mentionés dans l'article précédent seront votés par les Conseils Municipaux, qui fixeront également le

---

(1) Tout individu propriétaire d'immeuble qui est porté sur l'un des rôles des contributions est soumis à la prestation qu'il habite ou non la commune. Le colon partiaire non porté sur les rôles des contributions ne doit pas la prestation. Le fermier la doit et ne peut exiger d'indemnité du propriétaire. De même que les conseils municipaux peuvent s'occuper plus d'une fois par an des chemins vicinaux, de même ils ne sont pas obligés de s'en occuper tous les ans. On peut se faire remplacer pour la prestation en nature par un homme remplissant les conditions voulues par la loi. l'Individu doit la prestation quel qu'âge qu'il ait s'il est valide. Les veuves , les filles doivent la prestation pour leurs enfans et domestiques, Les mineurs et les interdits la doivent pour leurs domestiques. Les interdits la doivent également pour leurs enfans.

(2) Les cinq centimes additionnels ne doivent être employés que lorsque les revenus et les prestations ne suffisent pas.

taux de la conversion des prestations en nature , les Préfets en autoriseront l'imposition. Le recouvrement en sera poursuivi comme pour les contributions directes ; les dégrévemens prononcés sans frais , les comptes rendus comme pour les autres dépenses communales.

Dans le cas prévu par l'article 4 , les conseils municipaux devront être assistés des plus imposés , en nombre égal à celui de leurs membres. (1)

Article 6. Si des travaux indispensables exigent qu'il soit ajouté par des contributions extraordinaires au produit des prestations , il y sera pourvu, conformément aux lois par des Ordonnances Royales.

Article 7. Toutes les fois qu'un chemin sera habituellement ou temporairement dégradé par des exploitations de mines, de carrières, de forêts, ou de toute autre entreprise industrielle, il pourra y avoir lieu à obliger les entrepreneurs ou propriétaires à des subventions particulières ; lesquelles seront, sur la demande des communes, réglées par les conseils de Préfecture, d'après les expertises contradictoires. (2)

Article 8. Les propriétés de l'état et de la Couronne contribueront aux dépenses des chemins communaux dans les proportions qui seront réglées par les Préfets en conseil de Préfecture.

---

(1) Les réclamations sont adressées au Sous-Préfet qui , les transmet au Préfet lequel décide si elles sont ou non fondées. Les plus imposés doivent être en nombre égal non des membres des conseils municipaux voulus par la loi, mais des conseillers présens à la délibération.

(2) Les conseils de Préfecture ont ici voix délibérative.

Article 9. L'orsqu'un même chemin intéresse plusieurs communes, et en cas de discord entr'elles sur la proportion de cet intérêt et des charges à supporter, ou en cas de refus de subvenir auxdites charges, le Préfet prononce, en conseil de Préfecture (1) sur la délibération des conseils municipaux assistés des plus imposés, ainsi qu'il est dit à l'article 5. (2)

Article 10. Les acquisitions, aliénations et échanges, ayant pour objet les chemins communaux, seront autorisés par arrêtés des Préfets en Conseil de Préfecture, après délibération des conseils municipaux intéressés. Et après enquête de *commodo* et *incommodo*, lorsque la valeur des terrains à acquérir, à vendre ou à échanger, n'excédera pas trois mille francs.

Seront aussi autorisés par les Préfets, dans les mêmes formes, les travaux d'ouverture ou d'élargissement desdits chemins, et l'extraction des matériaux nécessaires à leur établissement, qui pourront donner lieu à des expropriations pour cause d'utilité publique, en vertu de la loi du 8 mars

---

(1) Les conseillers de Préfecture n'ont ici que voix consultative et la décision appartient au Préfet. Quand un chemin intéresse deux ou plusieurs communes de départemens différens, les Préfets doivent s'entendre entr'eux; s'ils n'étaient pas d'accord ce serait le ministre de l'intérieur qui statuerait.

(2) Les communes sont obligées de contribuer aux réparations d'un chemin d'une autre commune lorsqu'elles y ont intérêt et lorsque ce chemin passe sur leur territoire.

1810, (1) lorsque l'indemnité due aux propriétaires pour les terrains ou pour les matériaux n'excédera pas la même somme de trois mille francs.

INSTRUCTION

SUR LES
CHEMINS COMMUNAUX OU VICINAUX.

PARIS, octobre 1824.

Le Ministre de l'intérieur aux Préfets.

La loi du 28 juillet dernier (2) a rempli les lacunes qui existaient dans la législation sur les chemins communaux, a acru les moyens de subvenir à leurs dépenses.

Les autorités chargées de son exécution ne sauraient trop s'attacher à bien connaître, à bien apprécier les dispositions qu'elle contient et celles qui s'y rapportent ; à mettre dans leur accomplissement toute l'intelligence, toute la suite, toute l'impartialité qu'elles exigent, et surtout cette entière régularité sans laquelle l'administration marche au hasard, sans force et sans influence.

----

(1) Voyez la loi sur l'expropriation du 7 juillet 1833. *Voyez la table.*

[2] Page 2.

1. L'article 1er ne fait que reproduire une disposition de la loi du 6 octobre 1791, d'après laquelle les communes doivent entretenir les chemins, établis sur leur territoire, qui sont reconnus nécessaires à leurs communications.

2. Cette disposition, sanctionnée par le temps consacre l'obligation des communes, la borne aux seules communications qui sont d'une utilité générale pour les habitans d'une ou plusieurs communes, ne l'étend point aux chemins qui ne serviraient qu'à un petit nombre d'individus, ni aux plus simples sentiers, ni aux servitudes acquises au public sur des propriétés particulières.

3. Les conseils municipaux, dans leurs délibérations, et les Préfets dans leurs décisions, devront donc s'enfermer dans ces sages limites, afin que les ressources destinées à ces dépenses ne soient pas divisées au point d'en rendre l'emploi illusoire; afin que cet emploi, borné aux seules communications nécessaires, suffise pour les maintenir toujours en bon état.

4. Quant aux chemins publics qui ne seraient point mis à la charge des communes, ces conseils et les Préfets auront à examiner et à décider quels sont ceux qui doivent être rendus à l'agriculture (1) en tout ou en partie, et quels sont ceux qu'il importe de conserver, soit qu'ils puissent se passer d'entretien soit que les particuliers qui y ont intérêt se char-

---

(1) Il est bien entendu que, toutes les fois qu'un chemin à supprimer ou à conserver peut intéresser plusieurs communes, le conseil municipal de chacune d'elles doit être consulté, et qu'il doit en être de même à l'égard des enquêtes de *commodo* et *incommodo*, indispensables pour toute suppression de la voie communale.

gent de les entretenir.

5. Les Préfets, en statuant sur ces délibérations des conseils municipaux, ne doivent pas perdre de vue qu'ils ne sont qu'autorité surveillante; qu'ils sortiraient de ce caractère s'ils ne leur donnaient le poids qu'elles doivent avoir, s'ils les modifiaient sans de puissans motifs. Sans doute, si elles étaient empreintes de partialité, qu'elles eussent négligé ou sacrifié des communications évidemment nécessaires, ou grevé les fonds municipaux de dépenses d'une évidente inutilité ils devraient user de leurs droits; mais, hors ce cas, il convient qu'ils respectent ce qui a été délibéré par les organes des communes, sauf à avoir employé d'avance les soins propres à les éclairer.

6. Les articles 2, 3, 4, 5 et 6 donnent les moyens de subvenir aux dépenses des chemins communaux, lorsqu'il-y-a insufisance des revenus des communes; insufisance qui ne doit pas être supposée, mais constatée soit qu'elle s'étende à la totalité ou seulement à une partie des dépenses à faire.

7 Le premier de ses moyens consiste dans des prestations qui ne peuvent excéder deux journées, ou la valeur de ces deux journées, payables en argent ou en nature au choix de ces contribuables (Art. 2)

8. C'est ici une charge de l'habitation, aux droits de laquelle sont liés la possession et le plus grand usage des chemins communaux, et qui, par cela même, doit à son seul titre, contribuer aux frais qu'ils occasionent. Il serait superflu de dire qu'on peut n'imposer qu'une portion de ces deux journées,

là où la situation des revenus municipaux et l'état des chemins n'exigeraient pas la totalité. Il serait également superflu d'observer que les prestations, ainsi que les autres contributions autorisées par la loi qui nous occupe ne peuvent être employés que pour les chemins communaux.

9. Tout habitant porté à l'un des rôles des contributions directes, chef de famille ou d'établissement, à titre de propriétaire, de régisseur, de fermier ou de colon partiaire, doit ces deux journées,

1°. Pour lui, pour chacun de ses fils vivant avec lui, et pour chacun de ses domestiques mâles, pourvu que les uns et les autres soient valides, et qu'ils aient atteint leur vingtième année;

2°. Pour chaque bête de trait et de somme, chaque cheval de selle ou d'attelage de luxe, chaque charrette, en sa possession pour son service ou pour le service dont il est chargé (Art. 3)

10. Nous avons dit que la prestation est une charge de l'habitation, et l'on voit qu'elle s'étend en proportion de l'usage que chaque habitant fait des chemins, du nombre des individus qui composent sa maison, du nombre des bêtes de trait, de somme ou de luxe qu'il emploie.

11. Cette obligation ne paraîtra point trop onéreuse, si l'application en est régulière et judicieuse. Il en serait tout différemment si l'on y portait de l'arbitraire, si l'on ne prenait tous les soins que sa répartition demande, pour être juste et pour donner à tous la conviction de cette justice.

12 L'article 3, qui autorise et règle les prestations, est divisée en trois paragraphes.

13 Le premier, qui appelle à y contribuer tout habitant, chef de famille ou d'établissement etc. ne fait point de distinction d'âge, de sexe ni de validité, distinction qui n'est que dans le 2ᵐᵒ paragraphe, et ne s'applique qu'aux dispositions de celui-ci. Ainsi tout habitant, chef de maison, homme ou femme, jeune ou vieux, valide ou invalide, doit les prestations éxigées par les paragraphes 2 et 3, pour ses fils, vivant avec lui, pour ses domestiques mâles etc. pour ses bêtes de trait ou de somme, etc. mais il ne les doit point pour lui même, s'il n'est point valide, s'il n'a point atteint sa vingtième année, ou si c'est une femme; attendu que l'obligation personnelle n'est imposée par le 2ᵐᵉ paragraphe, qu'avec les exceptions dont nous venons de parler; attendu aussi que l'article 2 veut que la prestation soit toujours payable en argent ou en nature, à la volonté du contribuable; or la faculté d'acquitter personnellement en nature n'existerait point pour celui qui ne serait point valide ou n'aurait point l'âge prescrit; elle n'existerait point non plus pour une femme, puisque la loi les exclut des prestations personnelles qu'elle impose.

14. Pour l'éxécution du paragraphe 2, l'âge sera facile à constater, puisqu'il suffira de l'extrait de naissance. Il n'en sera pas de même de la validité ou de l'invalidité, mais il ne faut pas perdre de vue qu'il est question d'une contribution exigible de tout individu qui est habituellement en état d'y satisfaire; que, par conséquent, une indisposition

ou maladie temporaire ne peut pas déterminer l'exemption; elle peut seulement donner lieu à l'ajournement de se libérer. Une personne n'est invalide, dans le cas dont nous nous occupons, que lorsque, par des vûes d'organisation, par des infirmités durables, ou par son âge avancé, elle est hors d'état du travail que la loi a en vue.

15. La prestation est due pour tout domestique mâle. Il ne faut point ici envisager le mot de domestique dans sa signification vulgaire et limitée, mais bien dans sa signification générale, telle qu'elle a été admise de tous les temps; or, dans cette acception, on appelle « domestiques tous ceux qui font « partie d'une maison et y ont des fonctions subor-« données à la volonté du maître qui leur paie des « gages. »

16. En effet, la disposition législative dont nous déterminons l'accomplissement, a eu pour but de faire peser la charge de l'habitation sur tous les individus que celle-ci embrasse. Elle atteint la famille dans la personne des fils vivant avec le père, de même elle atteint la maison dans la personne des individus qui en font partie : il est donc hors de doute qu'elle a employé le mot *domestique* dans son acception générale, qui comprend à-la-fois les *services domestiques d'un ordre élevé*, et les *services domestiques d'un ordre subalterne*; par conséquent, les secrétaires, les précepteurs les intendans; et chez les artisans, les compagnons et les apprentis; ensuite les domestiques subalternes, tels qu'ils sont connus dans l'acception vulgaire, et qui sont attachés ou au service d'une ferme ou

exploitation quelconque, et qui, à ce titre, *sont subordonnés à un chef de maison ou d'établissement, et en reçoivent des gages ;* condition qui, dans l'un comme dans l'autre cas, est indispensable pour déterminer les services domestiques.

17. Les explications qui précédent tracent suffisamment la ligne dans toute l'étendue qu'elle doit et peut avoir. Les Préfets sentiront combien il importe que, dans les instructions qu'ils donneront à ce sujet, tout soit assez clair et précis pour éviter des erreurs. Nous avons dû nous renfermer dans des généralités, parceque nous écrivons pour tout le royaume, et que nous n'avions qu'à bien définir l'une et l'autre catégorie des services domestiques, d'après les principes consacrés par la jurisprudence de notre droit commun. En observant les mêmes limites, et surtout en ne les dépassant point, il sera nécessaire qu'ils entrent dans plus de détails subordonnés aux usages locaux. Ils sentiront aussi qu'il est essentiel de donner et de faire donner des explications pour éviter tout ce qui pourrait blesser les amours propres. (1)

12. Les ouvriers laboureurs, ou artisans, généralement connus sous la dénomination de *gens de travail*, qu'ils travaillent à la journée ou à la tâche pour l'agriculture ou pour l'industrie, ne doivent point être rangés parmi les serviteurs *domestiques*, et par conséquent ne sont point atteints par la

---

(1) Dans ce but, il faudra ne point porter, dans les états matrices et dans les rôles, les secrétaires, intendans etc, sous la dénominations de domestique, mais sous leur propre dénomination.

disposition législative dont nous sommes occupés, à moins qu'ils ne soient chefs de maison ou d'établissement, etc.

19. Nous terminerons sur les deux premiers paragraphes de l'article 3, en observant que tout habitant porté à l'un des rôles des contributions directes doit être considéré comme chef de maison, lors même qu'il serait seul, s'il ne vit point chez son père, ou au service d'un maître.

20. Le troisième paragraphe, relatif aux journées des bêtes de trait, de somme ou de selle, etc. ne demande pas moins d'attention, afin d'éviter qu'on n'abuse de la loi ou qu'on ne l'élude.

21. Il oblige tout habitant contribuable à fournir *deux journées au plus de chaque bête de trait ou de somme, de chaque cheval de selle ou d'attelage de luxe; et de charette, en sa possession pour son service ou pour le service dont il est chargé.*

22. Par conséquent, les bêtes de trait ou de somme, etc; pour être soumises à la prestation, doivent servir au possesseur propriétaire fermier, ou colon partiaire, ou pour son usage personnel, ou pour celui de sa maison, ou pour une exploitation agricole ou industrielle, ou pour toute autre entreprise analogue: Elles n'y sont pas soumises, s'il ne les tient que pour en faire un commerce, ou pour la consommation ou pour la reproduction, si, par leur âge, elles ne sont pas encore livrées à un service, ou si, par cette cause ou toute autre, elles ont cessé d'y être livrées.

23. Si la destination pour le commerce, la consommation ou la reproduction n'était point absolue

si le possesseur en retirait en même temps un service de la nature de ceux que la loi a en vue, la prestation serait due, seulement il y aurait lieu à s'accorder avec le possesseur, ou, à défaut d'accord, à statuer par évaluation, pour déterminer parmi les chevaux, bœufs ou mulets, etc.; ainsi possédés, susceptibles de servir, et pour le temps de la possession, un nombre des uns et des autres proportionné au service qu'il en retirerait, nombre pour lequel il devrait les journées imposées par la loi.

24. Dans tous les cas semblables ou analogues qui présenteront de l'incertitude ou trop de variations L'administration ne saurait procéder avec trop de soins pour éviter toute injustice, tout excès de rigueur; là où de telles circonstances se présenteront, elle doit faire tous ses efforts pour engager le contribuable à un abonnement payable en journées de travail, ou en argent, ou même en matériaux, s'il y avait utilité ou convenance pour les travaux à faire.

25. Les formes à suivre pour imposer et percevoir la prestation, doivent porter avec elles toute la régularité, toutes les garanties dont elles peuvent être susceptibles. Pour atteindre ce double but, nous croyons qu'on doit commencer par dresser dans chaque commune, un *état matrice* de tous les *habitans contribuables* qui y sont tenus, état qui devra indiquer en regard de chaque contribuable, dans des colonnes séparées, 1°. le nombre de fils et des serviteurs mâles pour lesquels il doit la prestation; 2°. le nombre de bêtes de trait ou

de somme, etc. objets de la même obligation , ou bien la quotité d'abonnement souscrite, si l'on a eu recours à cette voie.

26. Cet état sera conçu et espacé de manière à pouvoir recevoir, tous les ans et pendant un certain nombre d'années pour qu'on n'ait pas besoin de le renouveller trop souvent, les mutations survenus dans la position de chaque coutribuable.

27. La confection en sera confiée aux commissaires répartiteurs des contributions directes ou s'ils s'y refusent ou si le temps leur manque, à des commissaires spéciaux nommés par le Sous-Préfet sur la proposition du Maire.

28. Une première rédaction de ce travail devra rester pendant un mois à la maison commune, ou tous les coutribuables qu'il concernera pourront en prendre connaissance, avertis par un avis du maire, affiché sur tous les points de la commune où se font ordinairement les affiches publiques. Il sera fait immédiatement droit, par la même commission, à toutes les réclamations ; le mois expiré, le travail sera définitivement redigé, et soumis par le Maire et le Sous-Préfet, à l'approbation du Préfet, qui, avant de l'arrèter pourrait ordonner de plus amples vérifications, s'il ne le trouvait point suffisamment exact.

29. Cet *état matrice*, sur lequel s'opére annuellement, dans les mêmes formes, ainsi que nous l'avons déjà dit, les mutations survenues, sans qu'il soit nécessaire de le soumettre de nouveau à l'approbation du Préfet, à moins que des réclamations portées devant lui ne lui en fassent sentir la néces-

sité, cet état, disons nous, servira de base pour dresser les rôles annuels de prestation.

30. Ce n'est qu'à l'égard de ces rôles, et lorsqu'ils auront été rendus exécutoires par le Préfet, que ces demandes en dégrévement pourront être adressés au conseil de Préfecture, ainsi que nous le verrons ci-après.

31. Le recouvrement des prestations devant, en vertu de l'article 5, être poursuivi comme celui des contributions directes, il sera nécessaire d'en charger les percepteurs de ces contributions, dans les communes qui n'ont pas de receveur spécial : dans celles qui en ont, le recouvrement sera fait par ces receveurs, que les lois assimilent aux comptables des deniers publics, et qui, à ce titre, ont également qualité pour exercer les poursuites et pour répondre de la perception.

32. Il conviendra que les rôles rendus exécutoires soient remis à ces agens en même temps que ceux des contributions directes, non seulement parceque c'est l'époque la plus propice, qu'elle répond au commencement de chaque exercice, mais encore parcequ'il est essentiel, pour faciliter l'envoi des uns et des autres avis aux contribuables, qu'il y ait coïncidence dans l'époque de cet envoi.

33. Les soins que ce recouvrement exige étant plus multipliés que pour les contributions directes, il sera juste que les remises à allouer aux percepteurs ou receveurs soient plus élevées d'un tiers ou de moitié que celles qui leur sont accordées pour ces contributions. La fixation en sera faite par arrêté du Préfet, sur délibération des conseils

municipaux. Le rôle devra exprimer, à l'article de chaque contribuable, la quotité des journées requises dans la limite fixée par la loi, plus la valeur en argent. L'avis aux contribuables portera les deux indications, et l'invitation de déclarer dans le mois, délai qui aura été fixé d'avance par arrêté du Préfet, s'il entend se libérer en argent ou en nature: la déclaration sera faite devant le Maire, ou son adjoint désigné à cet effet. Il en sera immédiatement donné avis au percepteur ou receveur, qui en prendra note sur le rôle, faute de déclaration dans le délai déterminé, la cote sera maintenue en argent, et devra être acquittée, avec toutes les autres payables de la même manière, aux époques qui seront d'avance fixées par arrêté du Préfet.

34. Dans les quinze jours qui suivront l'expiration du délai de rigueur pour les déclarations, le percepteur ou receveur enverra au Maire un relevé du rôle, certifié par lui, comprenant les cotes qui, d'après ces déclarations, devront être payés en nature. Ce relevé sera remis au fonctionaire, à l'inspecteur ou au commissaire chargé de surveiller les travaux en nature, lequel l'émargera au fur et à mesure que les travaux seront acquittés par les débiteurs. Tout contribuable qui ne se rendrait point, ou qui n'enverrait point ses fils, ses domestiques mâles et les bêtes de trait ou de somme etc. au jour et aux heures qui lui auront été assignés, ou qui ne fournirait qu'une portion des journées par lui dues, soit en manquant aux heures, soit autrement, devra être poursuivi par les voies de droit, à moins

B.

qu'il ne lui ait été accordé un ajournement par le Maire. Ces ajournemens, motivés sur des indispositions ou sur tous autres empéchemens légitimes, ne pourront se prolonger au-delà du sixième mois qui suivra l'année pour laquelle le rôle aura été fait. Immédiatement après, toutes poursuites légales devront être complétées par les percepteurs ou receveurs, sans interruption, afin que l'entier recouvrement puisse s'effectuer avant l'expiration de la seconde année qui termine l'exercice, tel qu'il est fixé par l'ordonnance du 23 avril 1823.

35. S'agissant de recettes et de dépenses communales, il importe de les renfermer dans le cercle fixé pour les autres recettes ou dépenses du même ordre, sauf à reporter à l'exercice suivant les valeurs qui n'auraient point été employées dans le cours d'un exercice.

36. Ces diverses dispositions devront être prescrites dans les arrêtés qui seront pris par les Préfets, pour l'exécution de la loi du 28 juillet dernier, et en vertu des présentes instructions auxquelles il conviendra qu'ils se conforment autant que possible, sauf les modifications qui leur seraient conseillées par les usages locaux : bien entendu que ces modifications ne porteront pas sur les parties essentielles, ne s'écarteront pas de l'esprit dans lequel nos instructions sont conçues, et que, si elles concernent les délais que nous avons adoptés afin de présenter dans un même ensemble la marche qui nous parait la meilleure, elles devront toujours s'enfermer dans les délais fixés pour chaque exercice par l'ordonnance du 13 avril 1823.

37. Soit qu'ils s'attachent aux mesures que nous avons indiquées, soit qu'ils en prescrivent de plus appropriées aux localités, les Préfets sentiront qu'il est nécessaire d'assigner un délai après lequel les prestations ne pourront plus être payées en nature, attendu que les poursuites rigoureuses, telles qu'elles sont autorisées par les lois en matière de contributions, et telles que la loi du 28 juillet les rend applicables aux prestations aboutissant en dernier résultat à des saisies, ne peuvent procurer des recouvremens forcés qu'en argent.

38. Nous ferons observer qu'il serait fâcheux, à tous égards, que l'emploi des voies rigoureuses dont nous venons de parler fut trop fréquent, si surtout elles portaient sur des pères de famille malaisés, sur des individus voisins de l'indigence. En pareil cas il vaut mieux laisser tomber des cotes en non valeur que d'aggraver les charges de personnes qui ne seraient pas dans le cas de les supporter.

39. Sans doute les prestations étant, pour les moyens coërcitifs de recouvrement, assimilées aux contributions publiques, l'autorité est en droit d'user de toutes les rigeurs légales : mais elle ne doit pas perdre de vue la nature de ces perceptions ; qu'il s'agit de recettes et de dépenses pour la famille communale, stipulées à son seul profit ; que par conséquent les poursuites doivent participer de ce caractère, et ne pas accumuler des frais qui seraient une pure perte pour les individus, sans profit pour la communauté.

40. Les prestations en nature seraient vraiment

onéreuses pour la classe qui vit de son travail, si les Préfets n'avaient le soin dans leurs arrêtés, de fixer, selon le pays, l'époque des travaux qu'elles ont pour objet, de manière que les bras consacrés à l'agriculture ou à l'industrie n'en soient point détournés dans les temps qui les réclament le plus. Rien de plus essentiel que ces fixations, que la prévoyance, que les égards qui doivent les déterminer. Il faut sans doute que les époques se rapportent aux besoins, à l'utilité des travaux, mais en conciliant ces considérations avec celles que nous venons d'exprimer. Par conséquent, il sera nécessaire que dans un même département les époques varient selon les contrées et les raisons particulieres qui s'y rattachent.

41. D'après l'article 4, lorsque le produit des prestations ne suffit point, il peut être perçu, sur tout contribuable, jusqu'à cinq centimes additionels aux contributions directes.

42. D'après l'article 5, les prestations sont votées par les conseils municipaux, ainsi que les cinq centimes, mais dans ce dernier vote ces conseils doivent être assistés, comme pour toutes contributions extraordinaires, d'un nombre des plus imposés égal à celui de leurs membres.

43. Les Préfets sont investis par le même article, afin d'éviter toute lenteur, du droit d'approuver l'imposition des prestations et des cinq centimes. Le recouvrement des unes et des autres doit être poursuivi et les dégrèvemens doivent être prononcés

comme pour les contributions directes, ces derniers sans frais. (1)

44. Nous avons déjà fait remarquer que les dégrèvemens dont il s'agit ici, en ce qui concerne les prestations, ne doivent point être confondus avec les réclamations, sur lesquelles il doit être statué avant la rédaction définitive de *l'état matrice* des prestations. Ces réclamations peuvent sans doute donner lieu à des modifications dans les élémens des cotes, avant leur fixation; mais ce ne sont point là des dégrèvemens tels que la loi les entend, qui ne peuvent être demandés qu'après que les rôles ont été rendus exécutoires et mis en recouvrement, et qui doivent être prononcés, comme pour les autres contributions, par les conseils de Préfecture.

45. Le même article veut encore que les conseils municipaux fixent le *taux de la conversion* des prestations en nature, c'est-à-dire le taux des diverses espèces de journées de travail exigées par les deuxième et troisième paragraphes de l'article 3. Ces conseils pour cette fixation, ne doivent point être assistés des plus imposés, et il est bien entendu que leurs délibérations, pour être définitives, doivent avoir été approuvées par les Préfets, c'est de droit commun, et la loi n'avait pas besoin de le dire.

---

(1) Il est bien entendu qu'on procédera, pour imposer et recouvrer les cinq centimes autorisés par l'article 5 et les contributions permises par l'article 6 comme pour toutes autres contributions extraordinaires, soit pour la formation des rôles, soit pour le recouvrement par les seuls percepteurs, soit pour les remises auxquelles ils auront droit, etc.

46. Enfin le même article 5 porte que les comptes des prestations et des cinq centimes seront rendus comme pour toutes les autres dépenses communales. Cette disposition est également applicable aux contributions extraordinaires qui pourraient être votées pour les mêmes dépenses, en vertu de l'article 6 dont nous parlerons tout-à-l'heure.

47. On a déjà vu que les prestations ne pouvaient, sous aucun prétexte, être votées et employées que pour les chemins communaux. Il en est de même des centimes autorisés par l'article 5, et des contributions extraordinaires permises par l'article 6.

48. Pour satisfaire à ces intentions de la loi, il sera nécessaire, non pas de former un budget séparé pour les chemins communaux, mais d'y consacrer un chapitre spécial, soit en recettes, soit en allocations, dans chaque budget communal, et d'agir de même pour les comptes.

49. Il est hors de doute qu'on ne portera, dans le chapitre destiné à ces recettes spéciales, que celles qui ne peuvent être perçues que pour cette destination, telles que la valeur présumée des prestations, le produit présumé des centimes votés en vertu de l'article 5, des contributions extraordinaires imposées avec cette destination en vertu de l'article 6, les subventions dues en vertu de l'article 7, enfin des sommes à payer par les propriétés de l'état et de la couronne en vertu de l'article 8, et qu'on n'aura pas besoin de faire la même distinction pour les sommes à prendre, pour ces chemins, sur les revenus ordinaires des communes.

50. Il en serait de même du produit des con-

tributions extraordinaires, autres que les centimes imposées en vertu de l'article 5, si une même contribution était imposée pour plusieurs espèces de dépenses.

51. Mais la séparation devra être entière pour le chapitre spécial consacré à l'ouverture des crédits destinés à ces sortes de dépenses. Cette distinction dans des crédits est indispensable pour qu'elle puisse se trouver dans les comptes, et par suite, pour satisfaire aux intentions de la loi qui a créé une nature spéciale de ressources pour cette branche du service communal.

52. Il nous reste à observer, relativement à l'art. 6, que la faculté qu'il donne d'ajouter par des contributions extraordinaires aux produits des prestations et des cinq centimes, en cas d'insuffisance de ces produits, doit être réservé pour des cas également extraordinaires et très-rares, tels que la construction ou la reconstruction de travaux d'art, l'ouverture de nouvelles routes; pour des travaux d'entretien, auxquels les autres ressources doivent toujours suffire.

53. La nouvelle loi repose sur ce principe incontestable, que tous les habitans ont droit aux chemins communaux, et sont autant que leurs facultés le permettent, dans l'obligation de contribuer aux frais qu'ils occasionnent en raison du profit qu'ils en retirent. Ce principe se montre dans l'article 7 avec un motif de plus, les dégradations causées à ces chemins par de grandes entreprises, de grandes exploitations industrielles ou agricoles. Le dommage, en même temps que le

profit, sortant ici des proportions ordinaires, il est juste que la charge en sorte egalement, et qu'il y soit pourvu par des indemnités permanentes ou temporaires, selon les causes qui y donneront lieu. Si ces causes n'étaient que pretextes, ou que les communes se montrassent trop exigeantes, les conseils de Préfecture, investis du droit de prononcer ces indemnités, jugeraient que leur justice est intéréssée à repousser, à modifier de telles prétentions; comme aussi ils jugeraient que, si des influences quelconques paralysaient l'action des communes, il conviendrait d'y suppléer. Ces indemnités ne pouvant être prononcées que d'après des expertises contradictoires, les intérêts des tiers, comme ceux des Communes, auront leur organe, et se trouveront ainsi à l'abri de toute surprise. Les expertises seront toujours faites de manière que la commune nomme son expert, la partie opposée le sien; et qu'en cas de discorde, le tiers expert soit nommé par le Préfet. Nous nous bornerons à faire observer, comme règle générale à suivre dans ces opérations, qu'il s'agit bien moins d'évaluer le dommage vu en lui même, que de l'évaluer relativement à celui qui est occasionné par les autres habitans·

54. Nous répéterons ce que nous avons précédemment dit, qu'il est fort à dériver, alors surtout qu'il s'agira de dommages permanens, causés par des entreprises également permanentes, que l'indemnité soit convertie en une sorte d'abonnement annuel. Il est bien entendu que toutes les fois qu'on a recours à une convention de ce genre, elle doit

être souscrite de part et d'autre, approuvée par le Préfet, et que celui qui en reste grevé doit s'être soumis aux poursuites administratives autorisées par les lois.

55. Les motifs qui ont dicté l'article 8 rentrent dans le même principe de profits et d'obligations: il ne s'agit point, dans cet article, des prestations en nature ou en argent; elles sont dues, en vertu de l'article 3, par les fermiers, régisseurs et colons partiaires attachés aux propriétés de l'état et de la couronne, comme par tous autres, il s'agit des cinq centimes à imposer en vertu de l'article 5, et des contributions extraordinaires à imposer en vertu de l'article 6, pour le seul service des chemins communaux.

56. L'une et l'autre nature de biens n'étant point soumises aux contributions de l'état, on manque de base fixe pour les imposer, mais il est facile d'y suppléer. Dans chaque département, la proportion des contributions avec le revenu des terres est ordinairement connue : on a d'ailleurs les moyens de la déterminer selon les localités, soit par les opérations cadastrales déjà faites, soit par les baux et les actes de vente. D'autre part, on a les mêmes moyens de connaître les revenus des propriétés de l'état et de la couronne, par les baux, si elles sont affermées; par les écritures des produits annuels, toujours régulièrement tenues par les agens de l'une et de l'autre administration, s'il s'agit de forêts ou de tous autres biens non affermés.

Il suffira donc d'appliquer à ces élémens la proportion reconnue pour les autres propriétés, et d'en induire la part contributive que devra supporter toute propriété de l'état ou de la couronne, lorsque des contibutrions devront être imposées pour des chemins communaux, soit en vertu de l'article 5, soit en vertu de l'article 6. Les Préfets auront le soin de ne statuer à ce sujet qu'après avoir pris l'avis officiel des agens de l'un ou de l'autre domaine, qu'après avoir fait, d'accord avec eux, toutes les vérifications préalables, et autant que possible, qu'après s'être entendus sur les quotités de ces parts contributives. J'ai lieu d'espérer que les ministres des finances et de la maison du Roi, donneront des instructions semblables à leurs subordonnés.

57. Il est encore une ressource que la législation permet et dont on peut user pour les chemins communaux comme pour les routes royales et départementales, mais avec moins de fruit, attendu qu'elle n'est qu'une charge sans compensation, là ou les passages ne sont pas assez fréquens. Nous voulons parler des droits de péage; dispositions qui avaient été recommandées par un de nos prédécésseurs, dans sa circulaire du 6 juin 1816. Nous n'irons pas aussi loin que lui, mais nous pensons qu'on peut quelquefois y recourir à défaut d'autres ressources, pour des ponts ou des bacs à établir sur des points très fréquentés, attendu que partout ailleurs les frais absorberaient le produit. Nous nous bornerons à faire observer, relativement aux formes à suivre, qu'un tel droit ne peut être autorisé que par ordonnance royale, et qu'indépendamment de la délibération du conseil municipal

pour le proposer et pour voter le tarif, il est toujours convenable que l'avis du Préfet soit précédé d'une information administrative.

58. L'article 9, relatif aux chemins qu'intéressent plusieurs communes, porte que, « en cas de discorde « entre'elles sur la proportion de cet intérêt et « des charges à supporter, ou en cas de refus de « subvenir à ces charges, le Préfet prononcera, « en conseil de Préfecture, sur la délibération des « conseils municipaux assistés des plus imposés.

59. Le pouvoir donné par cet article mettra fin à de nombreuses difficultés : il empêchera que les communications communales les plus essentielles ne tombent en dégradation, ne restent en souffrance dans des étendues plus ou moins grandes par des refus mal entendus, mal fondés de quelques conseils municipaux. Mais autant il est prescrit aux Préfets d'user de ce pouvoir partout où ce sera nécessaire, autant il doit leur être recommandé de n'en jamais user sans nécessité, de n'en user qu'après avoir employé toutes les voies de persuasion auprès des conseils municipaux récalcitrans; de ne jamais prononcer légèrement, d'entendre toujours tous les dires contradictoires, avant de statuer sur la proportion d'intérêt et de charges dont il est ici question, d'entendre aussi les Inspecteurs des chemins communaux, partout où il y en aura, et d'envoyer des ingénieurs ou d'autres hommes de l'art partout où il y aura doute incertitude, ou une trop grande résistance, qui suppose presque toujours qu'elle est plus ou moins fondée.

60. Les premières décisions à rendre à ce sujet devant servir dans la suite de base en quelque sorte permanente, il sera nécessaire qu'elles soient d'autant plus motivées et précédées de plus de recherches attentives, d'informations exactes.

61. Ces décisions primitives devant subsister; il conviendra qu'elles soient conçues de manière à pouvoir remplir ce but, et qu'elles ne se bornent pas à dire, *telle commune fournira telle somme pour la dépense à faire sur tel chemin*, puisque les sommes doivent varier dans leurs quotité selon les besoins; mais bien, *telle commune doit contribuer dans la proportion de 3 de 5 de 10 etc. dans les charges à supporter pour tel chemin*, en rapportant le nombre partiel à un nombre total, dans l'ensemble duquel le nombre partiel de chaque commune exprimera la proportion de ses charges.

62 Un tel travail exigeant du temps, il conviendra sans doute de le hâter autant que possible; mais il ne faudrait pas retarder jusqu'à sa confection les réparations à faire sur des chemins qui devront en être l'objet. On obviera à ces besoins en statuant sur chacun d'eux à mesure qu'ils se présenteront, mais sans s'écarter des régles tracées et de manière que chaque décision partielle puisse servir d'élément à la décision générale et y prendre place successivement

63. Cet article 9 investit les Préfets du droit de statuer en conseil de Préfecure, toutes les fois qu'il y a discord ou résistance; de statuer, disons nous, non seulement sur les proportions d'intérêt et de charges, mais encore sur les moyens d'y

subvenir : par conséquent, de porter aux budgets des communes résistantes les allocations nécessaires; d'ordonner les prestations et l'imposition des 5 centimes jusqu'à concurrence des besoins et des obligations, et même, si cela devenait indispensable, de suppléer au vote négatif des conseils municipaux, pour obtenir des contributions extraordinaires en vertu de l'article 6.

64. Sans doute le dégré d'intérêt de chaque commune doit servir à déterminer l'étendue de ses charges : toutefois il conviendra aussi d'avoir égard aux ressources de chacune d'elles, attendu que, dans tous les cas analogues, la possibilité de subvenir à de telles dépenses, les raisons d'empêcher qu'elles ne soient accablantes pour la population ou pour la propriété, sont des conditions de justice que l'administration ne doit jamais perdre de vue.

65. L'article 10 étend aussi l'autorité des Préfets en leur donnant, pour les acquisitions, ventes, échanges, expropriations, etc. un pouvoir qui était précédemment reservé à l'autorité royale.

66. Cette concession, réclamée par l'expérience, a eu pour but d'abréger les lenteurs, là où elles ne pouvaient que nuire sans ajouter aux garanties : celles-ci seront d'ailleurs suffisamment assurées par l'attention que donneront les Préfets aux actes de cette nature, par l'assistance des conseillers de Préfecture, par les procès verbaux *de commodo et incommodo*. (1)

---

(1) Les informations administratives de commodo et incommodo, nécessaires toutes les fois qu'il y a lieu de prononcer une addition ou un retranchement à la voie publique, peuvent aussi être emplo-

67. La limite posée par cet article à paru nécessaire dans l'intérêt de la propriété, afin d'éviter
que les communes ne se laissent aller trop facilement
à ces opérations qui ne sont pas toujours sans
inconvenient. Cette limite n'a d'ailleurs rien de
gênant, puisque la plupart du temps les opérations dont il s'agit ici n'excéderont pas la valeur
qui y est assignée ; que, par conséquent, l'urgenec
sera satisfaite en même temps que les considérations
d'un ordre supérieur auxquelles il importe d'avoir
égard.

68. Nous venons de parcourir toutes les dispo-
sitons de la nouvelle loi, il suffira, sans doute,
des développemens dans lesquels nous sommes
entrés, pour diriger les Préfets dans les réglemens
qu'ils auront à faire, les instructions qu'ils auront
à donner, et la marche qu'eux mêmes auront à
suivre.

69. Ces développemens les convaincront que les
moyens que cette loi donne sont assez grands pour

---

yées avec utilité lorsque, s'agissant de mettre des chemins publics à
la charge d'une ou plusieurs communes, les Préfets se trouvent en
discord avec les conseils municipaux, ou ont lieu de craindre que
des conseils n'aient cédé à des vues mal entendues ou à des influences
particulières.

Il arrivera que des propriétaires riverains, par des motifs honorables ou intéressés, consentiront quelquefois à des abandons gra-
tuits de terrains : l'autorité peut sans doute les y engager ; mais
elle ne peut jamais l'exiger, et elle doit toujours être assez pru-
dente pour ne jamais ordonner ni permettre des travaux dont des
terrains ainsi concédés seraient l'objet, avant que la concession ait
été stipulée par écrit et dans un acte qui ait une authenticité suffisante.

satisfaire aux nécessités qu'elle a en vue, nécessités qu'on s'exagérerait, si on ne les subordonnait aux autres intérêts de la propriété. On sortirait de ces bornes, si l'on voyait dans les chemins communaux autre chose que les besoins généraux de chaque population, que les besoins de l'agriculture, de l'industrie locale, des échanges qui les font prospérer, si l'on y recherchait des convenances isolées, le désir de porter plus d'agrément dans l'accès d'habitations particulières, ou seulement si l'on cédait à des considérations qui ne tendraient qu'à ce dernier ordre d'intérêts.

70. La nouvelle loi ne parle pas de la largeur des chemins, parce que la loi du 28 février 1805 (1) [9 ventôse an 13] y avait déjà pourvu et posé des règles générales, en laissant aux réglemens, aux usages, de chaque localité, une latitude suffisante.

----

(1) Bulletin Numéro 35, page 361.

C'est par une fausse interprétation de l'article 6 de cette loi, que les circulaires ministérielles des 7 prairial an 13 et 6 juin 1818 avaient attribuées aux conseils de Préfecture le droit de prononcer sur la largeur et la limite des chemins communaux. La jurisprudence consacrée par plusieurs actes souverains a depuis rectifié cette erreur. Une telle attribution appartient par sa nature à l'administration proprement dite, et ne peut être exercée que par les Préfets. Les alignemens sont, sous leur autorité, données par les Maires. etc.

Les conseils de Préfecture n'ont à intervenir qu'en vertu de l'article 8 de la même loi, que pour juger les contraventions aux dispositions qu'elle prescrit, etc.

Ces points de compétence sont désormais assez connus pour dispenser de plus amples explications.

71. Elle ne parle pas non plus des fossés, par le même désir de laisser aux communes toute liberté, selon la nature du sol et l'importance des communications, si l'on n'envisageait que les chemins en eux-mêmes, il serait désirable que tous eussent des fossés suffisamment larges et profonds; mais ce n'est là qu'un coté de la question. Il faut aussi voir les dépenses qui en résulteraient pour les communes et pour les riverains, les pertes qu'on occasionnerait à l'agriculture dans les contrées ou le terrain est assez précieux pour qu'on doive éviter tout sacrifice non obligé, voir les difficultés qu'on trouverait dans le sol, apprécier enfin les nécessités de ce genre, selon chaque pays et chaque communication.

72. La loi n'avait, à ce sujet, rien à ajouter au droit commun, et toute prescription de sa part eut pu devenir un embarras. Les Préfets, dans leurs réglemens, doivent agir avec la même réserve, la même prévoyance; ne point donner à ce sujet de régle générale, se borner à recommander aux communes d'établir des fossés partout où les avantages qui en résulteront pour les chemins ne seront point combattus par de plus puissans motifs, partout où les ressources locales permettront la dépense, et ou l'agriculture n'aura pas trop à souffrir.

73. Quant aux droits respectifs concernant les fossés et à l'obligation de leur entretien, les articles 666, 667, 668 et 669 du code civil y ont suffisamment pourvu, et il suffira de s'y conformer ou d'en rappeler l'éxécution, en distinguant les divers cas qu'ils présentent.

74. Quant aux plantations, la législation n'avait également rien à ajouter à l'article 7 de la loi du 28 février 1805 (9 ventôse an 13) en ce qui concerne l'obligation aux particuliers de respecter l'alignement donné par l'autorité pour la largeur des chemins, et aux articles 671 et 672 du code civil, en ce qui concerne, 1.° les distances des plantations à ces alignemens, eu égard aux diverses espèces d'arbres; 2.° le droit de faire couper les branches et les racines qui avancent sur la voie publique, et par conséquent le pouvoir nécessaire pour les élagages à ordonner, là où ils ne le sont pas par des réglemens locaux.

75. Enfin, les articles 670 et 673, relatifs aux haies mitoyennes, donnent à l'autorité de suffisantes indications, de suffisans moyens d'exécution, là où il est d'usage que les chemins et les propriétés riveraines n'aient point d'autres séparations, ou seulement là où ce mode de séparation se trouve établi. Partout où il est suffisant et où il ne nuit point, il est préférable à tout autre, comme le moins dispendieux, le moins préjudiciable à l'agriculture, et parcequ'il sert d'indication aux voyageurs dans les mauvaises saisons, de moyen de conservation à la largeur, à l'alignement des chemins. Il serait donc mal entendu de le supprimer pour y en substituer un autre, à moins de raison puissantes qui y obligent, et même de ne pas le recommander, là où ces raisons contraires n'existent pas.

76. Des plantations faites à distance offrent une partie de ces avantages, mais elles exigent plus de

C.

terrain, et sont plus dispendieuses à d'autres égards, parce qu'elles ne se font ordinairement qu'en arbres à hautes tiges : elles peuvent être plus nuisibles aux chemins dans les terrains marécageux, dans les pays humides, à cause de l'ombrage qu'elles donnent, de l'air qu'elles interceptent. Il est même des cas où les simples haies à petites plantations doivent être interdites par ces motifs.

Tout, dans les dispositions de cet ordre, doit donc être subordonné aux circonstances locales plus ou moins variables et la nouvelle loi a agi avec autant de fondement que de prévoyance, en laissant au droit commun tout son empire, aux autorités de chaque pays le libre emploi de tous les moyens qu'il autorise, soit pour agir, d'après ses seules règles, soit pour faire exécuter les réglemens locaux et les usages assez consacrés pour en tenir lieu, dans toutes les dispositions qu'il permet ou qu'il ne défend point.

77. Il n'est pas sans exemple que les Préfets se laissent aller au vain désir de tout réglementer, de faire de leurs arrêtés des sortes de codes sur chaque branche de service : c'est rarement une bonne manière d'administrer. Les réflexions que contiennent ces instructions les convaincront qu'ils ne doivent pas se laisser entrainer trop loin par ce désir, dans les réglemens qu'ils feront pour l'exécution de la loi du 28 juillet. Sans doute ces réglemens doivent contenir tout ce qui, dans les matières que nous traitons, est susceptible de régles générales et uniformes dans chaque département; mais il ne doivent pas aller au-delà. Ils

doivent éviter les détails d'exécution, et réserver aux instructions ou à des arrêtés particuliers le soin de donner les directions nécessaires, ou de statuer dans tout ce qui sera susceptible de varier selon les localités.

Nous rappellerons que ces réglemens ne peuvent être publiés qu'après avoir été soumis à notre approbation, et les Préfets, en nous les transmettant, voudront bien entrer dans assez de développements, non seulement pour nous faire apprécier les dispositions qui tendaient aux usages locaux, mais encore pour que nous puissions juger dans quel esprit, dans quelles particularités relatives à ces usages, seront conçues les instructions qui devront les accompagner. Ils savent que toutes les décisions à rendre dans la suite, par eux ou par les conseils de Préfecture, pour l'exécution de ces différentes mesures, seront, en principe général, assujetties à des recours, soit devant nous, soit devant le conseil d'état; et c'est un motif de plus de bien s'entendre sur toutes choses, dans la première impulsion à donner.

79. Nous nous sommes attachés à prévenir ce qui nous a paru devoir l'être pour la généralité des départemens; mais nous nous réservons de donner dans nos réponses particulières, les solutions que pourrait exiger chaque département, et même de remplir les lacunes qui seraient échappées à notre attention. Nous entendons sans doute que les Préfets aient toute latitude pour agir, et il n'est pas dans notre pensée de les soumettre à une surveillance minutieuse; mais à mesure que nous entrons

de plus en plus dans les voies légales et constitutionnelles, nous devons tenir davantage à prévenir les irrégularités qui n'ont été que trop communes dans les matières dont nous sommes ici occupés, et qui seraient d'autant moins excusables désormais que la nouvelle loi a donné des moyens suffisans, si l'on sait bien les employer, et si l'on sait se défendre de toute fausse idée au sujet de ces communications, fort essentielles sans doute, mais dans lesquelles, ainsi que nous l'avons déjà observé, tout doit être mesuré aux besoins, aux ressources de chaque pays, afin qu'elles ne soient jamais ni des chemins de luxe, ni des chemins destinés à des convenances particulières, à moins que celles-ci n'en veuillent faire les frais.

ARRÊTÉ *du Préfet de la Dordogne du 3 mars 1825, sur les Chemins Vicinaux ou Communaux.*

MESSIEURS :

La loi du 28 juillet 1824 sur les chemins vicinaux n'ayant pu déterminer tous les moyens que les différentes localités réclament pour en assurer l'exécution, l'administration a dû s'occuper des mesures de détail qui doivent faire atteindre ce but. J'ai en conséquence pris l'arrêté qui est imprimé à la suite de la présente, et qui a été approuvé par son excellence le Ministre de l'Intérieur, le 7 février dernier.

Quoique je me sois attaché à rendre les dispositions de cet arrêté aussi claires que possible, je crois néanmoins devoir vous donner quelques explications qui y ajouteront, je pense, un nouveau dégré de lucidité.

Je commencerai par vous faire observer que, quelques formelles que soient les dispositions de la loi et celles de mon arrêté, ce ne sera qu'avec le concours de votre zèle et de votre influence locale que je puis espérer d'assurer le succès des mesures qui y sont prescrites ; car les difficultés à surmonter sont immenses ; mais l'amour du bien public, dont vous êtes animés et dont vous avez déjà donné tant de preuves, m'est un sûr garant que vous réunirez vos efforts aux miens pour rendre enfin à la viabilité les chemins communaux de ce département, dont l'état de dégradation afflige depuis si long-temps tous ceux qui s'intéressent à sa prospérité. Vous sentirez sans doute que tant que ses communications intérieures ne seront pas rétablies, il ne pourra retirer de l'établissement des routes royales qui le traversent, tous les avantages qu'elles doivent lui procurer, car enfin, pour que ces routes lui soient réellement profitables, il faut qu'on puisse y aboutir, et vous n'ignorez pas que l'état actuel des communications vicinales offre des difficultés presque insurmontables pour le transport des denrées et objets de commerce qui seraient dans le cas d'arriver de l'intérieur du département sur ces routes.

Nous approchons du moment où l'on pourra s'occuper enfin de la restauration de nos routes départementales, restauration dont le bienfait serait presque sans résultat si, comme je l'ai déjà dit, les communications vicinales restaient dans leur état d'inviabilité actuelle.

J'ai cru, messieurs, qu'il était de mon devoir de vous présenter ces réflexions pour vous faire mieux sentir la nécessité de vous occuper avec activité de la réparation des chemins vicinaux, afin de la coordonner autant que possible, avec la situation satisfaisante des routes royales et la restauration très prochaine des routes départementales. Ce n'est qu'en suivant avec persévérance ce système général de communications que nous pouvons espérer de faire monter ce département au rang qu'il peut occuper par sa position topographique, par sa population, par ses richesses minéralogiques, et par les ressources qu'offre au commerce et à l'industrie la variété de ses produits.

Pour établir d'une manière positive les droits des communes sur les chemins vicinaux, il est indispensable que la reconnaissance en soit faite légalement et conformément aux dispositions de l'article 3 de mon arrêté. Je ne saurais donc trop vous recommander de faire procéder sans délai à cette reconnaissance qui peut seule fixer invariablement la direction et la largeur des chemins, et fournir les moyens de réprimer les usurpations et les empiétemens. Si malgré les soins que j'ai pris pour expliquer la manière dont cet état doit être rédigé et les formalités qui doivent suivre sa rédaction, quelques uns d'entre vous aient besoin de nouvelles indications, je les prie de me les demander sans retard, et ils peuvent compter que je me ferai un véritable plaisir de leur donner tous les éclaircissemens qui leur seront nécessaires.

Vous remarquerez, Messieurs, que l'article 15 vous prescrit de réunir, pour cette fois, dans la 2me quinzaine de mars, vos conseils municipaux pour les faire délibérer sur la répartition des chemins vicinaux. Je vous prie de ne pas retarder cette réunion au-delà de l'epoque indiquée. Il est important qu'il soit donné, dès cette année, une impulsion générale aux travaux qui concernent ces chemins, et quelque urgente que soit l'opération de la reconnaissance prescrite par l'article 3, elle doit, dans la circonstance actuelle, céder la priorité aux mesures à prendre pour les réparations encore plus urgentes.

L'article 16 détermine, d'après les dispositions de la loi du 28 juillet dernier, les obligations dont chaque chef de famille ou d'établissement sera tenu sous le rapport des prestations, et vous aurez à vous occuper sans retard de la formation de l'état matrice qui doit comprendre tous les prestataires. J'ai fait figurer à la suite de mon arrêté un modèle de cet état qui, dans la forme qui est indiquée, pourrait servir pendant cinq années, en ayant soin d'établir en regard de chaque article et de chacune des années de cet article les mutations survenues dans la situation du contribuable. Il serait sans doute avantageux et commode que ces états fussent rédigés d'une manière uniforme dans toutes les communes, et j'avais songé à faire imprimer des cadres qui rempliraient cet objet; mais comme les ressources financières des communes de ce département sont en général très bornées, je n'ai pas voulu prendre sur moi de leur faire supporter cette dépense (quoiqu'elle ne puisse pas être très forte) avant d'être fixé sur leur intention. Je vous prie, en conséquence, de me faire connaître par l'intermédiaire de MM. vos Sous-Préfets respectifs, si vous désirez que je fasse procéder à l'impression de ces cadres. Je ne prendrai de détermination à cet égard que lorsque j'aurai la certitude qu'elle s'accordera avec les désirs de la majeure partie d'entre vous.

Mais en attendant, comme la formation de l'état matrice est très urgente, il est essentiel qu'il y soit procédé le plutôt possible. Cet état doit être formé par les répartiteurs de la commune, et rester déposé, pendant quinze jours, à la mairie, où tous les contribuables que vous aurez avertis, par un avis publié et affiché, pourront en prendre connaissance. Les répartiteurs feront droit immédiatement à toutes les réclamations qu'ils auront reconnus fondées, et après l'expiration de la quinzaine, le travail sera définitivement arrêté et soumis à mon approbation par l'intermédiaire de MM. les Sous-Préfets qui y joindront leur avis.

Quoique la loi indique d'une manière formelle toutes les personnes appelées à contribuer à la prestation, elle n'interdit pas à l'autorité locale la faculté de modérer cette contribution en faveur de ceux que leur position rend incapables de la fournir sans compromettre leur subsistance ou celle de leur famille, les commissaires doivent entrer à cet égard dans les vues paternelles du gouvernement, et accorder les exemptions ou modérations qui leur paraîtront convenables.

Quelques explications me paraissent nécessaires sur le mot : domestique employé dans la loi et dans l'article 16 de mon arrêté. Ce mot dans son acception générale comprend les services domestiques d'un ordre élevé, et les services domestiques d'un ordre subalterne. Par conséquent, les secrétaires, précepteurs, intendans, hommes d'affaires ; et chez les artisans, les compagnons et apprentis, et enfin tous ceux qui sont subordonnés à un chef de maison ou d'établissement, en reçoivent un salaire et vivent chez lui, doivent être compris dans l'état matrice ; mais comme il faut éviter tout ce qui pourrait blesser les amours-propres, il conviendra, lorsque le cas se présentera, de porter dans une colonne ajoutée, sous leur propre dénomination, et non sous celle de domestiques, les individus qui se trouveraient dans les catégories ci-dessus.

Il faut remarquer aussi que les ouvriers, laboureurs, artisans, connus sous la dénomination de gens de travail, qu'ils travaillent à la journée ou à la tâche, ne doivent point être rangés parmi les serviteurs domestiques, et ne peuvent être atteints par la disposition législative, qu'autant qu'ils seraient chefs de maison ou d'établissement.

A l'égard des chevaux, bêtes de trait ou de somme etc; il est clair que la prestation n'est due que lorsque ces animaux servent au propriétaire, soit pour son usage particulier ou pour celui de sa maison, ou pour une exploitation agricole ou

industrielle, et qu'ils ne doivent pas y être soumis s'il ne les tient que pour en faire commerce,
pour la consommation ou la reproduction, si par
leur âge, ils ne sont pas encore livrés à un service,
ou si, par cette cause ou toute autre, ils ont cessé
d'y être livrés.

En fixant, par l'art. 17 de mon arrêté, le mini-
mum du prix des journées de prestations, je crois
avoir laissé à vos conseils municipaux une latitude
suffisante pour déterminer ce prix d'une manière
convenable et conforme aux usages du pays. Comme
il se pourrait que dans certaines localités il fut
plus avantageux d'avoir de l'argent que des prestations en nature, et que dans d'autres au contraire les
prestations en nature fussent plus utiles que l'argent,
il me parait que le prix de la journée peut être
calculé de telle sorte, sans s'écarter des bases que
j'ai prescrites, que le contribuable soit porté à
s'acquitter plutôt d'une façon que d'une autre.

A l'égard de la formation des rôles de prestations, elle ne me parait présenter aucune difficulté
surtout si l'état-matrice, qui doit lui servir de
base, a été dressé bien régulièrement; j'ai cru
néanmoins devoir en donner un modèle qui est
imprimé sous le numéro 2 à la suite de mon arrêté.
J'y joins également un modèle de l'avertissement
à donner aux contribuables, conformément à l'art,
2 de cet arrêté.

Pour ce qui concerne les travaux relatifs aux
chemins; leur entretien, leur plantation et la
répression des délits qui tendent à nuire à leur
viabilité, je ne pense pas avoir besoin d'entrer

dans d'autres détails que ceux qui sont consignés dans l'arrêté même. Dailleurs comme j'ai déjà eu l'honneur de vous le dire, messieurs, si quelques uns d'entre vous ont des observations à me faire ou des questions a me présenter, ils me trouveront toujours disposé à leur fournir toutes les explications nécessaires.

Le titre 6 de mon arrêté est entièrement relatif aux attributions des commissaires voyers. J'aurais désiré pouvoir les étendre jusqu'au droit de constater les délits et conventions par des procès-verbaux qu'ils auraient affirmé en justice, mais la loi seule pouvant leur conférer ce droit, je n'ai pu à mon grand regret, les en investir par mon arrêté. Vous jugerez néanmoins que ces agens pourront vous être d'un grand secours, tant pour l'opération de la reconnaissance des chemins, que pour la surveillance et même la direction, lorsqu'il y aura lieu, des travaux qui s'exécuteront sur ces chemins

Je prévois au reste, Messieurs, les obstacles que nous aurons à vaincre pour ramener à une parfaite exécution toutes les dispositions de la loi du 28 juillet et celles de mon arrêté, mais ces obstacles mêmes doivent enflammer notre zèle, et en songeant que nous remplissons notre devoir et que nous n'avons d'autre but que la prospérité de notre pays, nous ne serons ni effrayés de l'étendue de nos obligations, ni rebutés par les contrariétés que nous pourrons éprouver.

Recevez, Messieurs, l'assurance de ma considération distinguée. *Le Préfet du Département,*

Signé : DE CINTRÉ.

ARRÊTÉ :

Le Préfet du département,

Vu la loi du 9 ventôse an 13, relative à la reconnaissance et à la fixation de la largeur des chemins vicinaux ;

La loi du 8 mars 1810 (1) sur les expropriations pour cause d'utilité publique, et l'ordonnance royale du 20 février 1815, relative à l'exécution de cette loi ;

L'Ordonnance du Roi du 18 avril 1821, qui détermine les attributions des Préfets en matière de chemins vicinaux ;

Les articles 471 et 474 du code pénal, relatifs aux détails de voirie ;

L'arrêté de l'un des anciens Préfets de la Dordogne, du 15 janvier 1815, concernant la reconnaissance, l'entretien et la réparation des chemins vicinaux.

La loi du 28 juillet 1824 ;

Et les autres lois et réglemens sur cette partie de l'administration.

Considérant que la loi du 28 juillet 1824, en fournissant à l'administration de nouveaux moyens de rendre à la viabilité les chemins communaux dont l'état presque général de dégradations fait depuis long-temps l'objet de ses sollicitudes, na pu déterminer d'une manière précise les mesures de détail qui doivent être appropriées aux différentes localités ;

Que pour seconder les intentions bienfaisantes du gouvernement, il est nécessaire de suppléer à tout ce que la loi laisse d'indéterminé par des ré-

(1) Voyez la table.

glemens particuliers, qui fassent connaître les obligations que chacun aura à remplir pour que les dispositions législatives reçoivent l'application la plus convenable.

Qu'il importe, en conséquence, de prendre de promptes mesures pour l'exécution de ces dispositions intéressant si vivement le commerce et l'agriculture; et qu'il est indispensable de combiner ces dispositions avec celles des lois antérieures, et de faire un réglement qui fixe invariablement la marche à suivre dans tout ce qui peut concerner la réparation et l'entretien des chemins vicinaux, ainsi que la repression des délits qui tendent à nuire à leur viabilité.

Arrête :

TITRE PREMIER.

Des Chemins Vicinaux.

Article 1er. Les chemins vicinaux seront divisés en deux classes :

La première comprendra les chemins qui sont à l'usage de plusieurs communes, pour communiquer entr'elles, et qui conduisent des chefs-lieux de ces communes aux chefs-lieux d'arrondissement ou de canton, à une ville, à un port ou à un marché.

La seconde classe comprendra les chemins destinés à assurer la communication entre les villages et les hameaux, d'une même commune; ceux qui conduisent au chef-lieu de la commune, aux bacs, ports, abreuvoirs, parcours et autres établissemens.

Tout chemin conduisant à une habitation isolée où ils se termine, sera regardé comme chemin privé jusqu'au point où il s'embranche avec un chemin de 1re et 2me classe. Il ne sera point compris au nombre des chemins vicinaux, et les frais qui pourront résulter de son entretien ou de sa réparation, demeurent à la charge des propriétaires riverains, seuls intéréssés à la viabilité de cette portion de chemin.

Article 2me. La largeur des chemins vicinaux, (non compris les fossés), sera de six mètres. Néanmoins il ne pourra être fait sans autorisation, aucune reduction à la largeur actuelle de ces chemins, quelle qu'elle soit.

TITRE IIme.

De la reconnaissance des Chemins Vicinaux.

Article 3. Dans les communes où l'état général des chemins vicinaux n'a pas encore été définitivement fixé par une délibération du conseil municipal, approuvé par le Préfet, MM. les Maires s'occuperont de la formation de cet état immédiatement après la reception du présent arrêté.

L'état indiquera dans des colonnes distinctes, 1º la classe, le nom et la direction de chaque chemin; 2º ses différentes largeurs sur les points principaux de sa direction la plus régulière; 3º les élargissemens ou redressemens qu'il serait nécessaire d'opérer sur la totalité ou sur quelques parties de chaque chemin, et dans ce cas les noms des propriétaires des fonds qui devront fournir à ces élargissemens ou redressemens.

La colonne d'observations devra mentionner les empiétemens présumés, en désigner les auteurs, indiquer si ces empiétemens sont anciens ou récens, et s'ils peuvent être constatés par des actes ou des témoins.

Au reste, M. M. les Maires ne devront jamais perdre de vue qu'aucune loi ne déroge aux principes conservateurs des propriétés privées, et que s'il devient nécessaire de prendre une portion de ces propriétés pour l'élargisssement ou le redressement des chemins, ce ne peut être qu'à la charge d'une indemnité préalable, à moins qu'il n'y ait eu usurpation bien constatée.

4º L'état; rédigé en conformité des dispositions du 2ᵐᵉ paragraphe de l'article précédent, sera publié au chef lieu de la commune pendant deux dimanches consécutifs, avec invitation à tous les habitans d'en prendre connaissance à la Mairie ou il sera déposé et communiqué. M. M. les Maires les avertiront qu'ils doivent remettre à la Mairie, dans le délai de quinze jours, à compter de la seconde publication, les réclamations qui pourraient avoir à faire, soit sur les indications de largeur ou de direction, soit sur les propositions d'élargissement ou de redressement des dits chemins, en joignant à ces réclamations les titres a l'appui.

5º Les maires soumettront ensuite leur état et leurs propositions, avec les réclamations qu'ils auront reçues, à leurs conseils municipaux dont la réunion est autorisée à cet effet pour le premier dimanche qui suivra l'expiration du délai de quinzaine, fixé par l'article précédent.

Les conseils municipaux vérifieront les faits, et délibéreront tant sur l'état et les propositions des Maires, que sur les difficultés ou réclamations élevées par les habitans. Ils donneront leur avis sur les redressemens ou élargissemens à faire, et ils établiront, d'après le vu ou l'absence des titres, si les élargissemens doivent se faire à titre gratuit sur des propriétés contigues, ou si la commune doit payer la valeur des terrains qui seront pris pour ces élargissemens·

6. En délibérant sur les points contestés, les conseils municipaux auront le plus grand soin de motiver leur opinion de manière à ne laisser aucun doute qui puisse suspendre la décision à intervenir. À cet effet, ils expliqueront par qui, de quelle manière et à quelle époque il aura été entrepris sur les chemins, qu'elle était leur largeur avant l'empiétement, et de combien elle se trouve réduite; s'il y a eu possession paisible de la part des riverains, ou si leur usurpation a éprouvé quelques oppositions, et dans ce dernier cas, quels sont les actes qui l'établissent.

7° Les Maires adresseront une triple expédition de leurs état, avec les délibérations des conseils municipaux et toutes les pièces y relatives, à leurs Sous-Préfets respectifs, qui discuteront les points contentieux et transmettront le tout au Préfet avec leur avis motivé.

8· En cas d'aveu, soit exprès, soit tacite, par les propriétaires riverains, des empiétemens ou usurpations indiqués par les états dressés et publiés en exécution de l'article 3, les élargissemens ou redressemens seront ordonnés par le Préfet, sans indemnité, et les travaux nécessaires pour cet objet, seront, pour cette fois, à la charge des communes et exécutés de la même manière que ceux d'entretien ordinaire.

En cas de contestation sur la propriété, il en sera référé au conseil de Préfecture, qui accordera s'il y a lieu, aux communes, l'autorisation de plaider devant les tribunaux.

9° L'acte par lequel le Préfet aura approuvé ou modifié l'état des chemins vicinaux d'une commune, sera transcrit sur chacune des trois expéditions de cet état, dont une sera déposée aux archives de la Préfecture, une autre à la Sous-Préfecture de l'arrondissement, et la troisième sera renvoyée au Maire pour être conservée comme titre pour la commune contre toute entreprise ultérieure : elle sera transcrite tout au long sur le registre des délibérations du conseil municipal, ainsi que l'arrêté approbatif du Préfet.

TITRE IIIme.

De l'Établissement et de la Suppression des Chemins Vicinaux.

Article 10. Les chemins existans ne pourront être élargis, sauf le cas de restitution de terrain usurpé, et il ne pourra en être établi de nouveaux qu'avec l'autorisation du Préfet, rendu en conseil de Préfecture, sur une délibération du Conseil Mu-

D.

nicipal, après une enquête de commodo et incommodo, accompagnée de l'avis du Sous-Préfet.

L'acquisition des terrains à prendre, soit pour élargissement, soit pour établissement de chemins nouveaux, sera autorisée par le Préfet, également en conseil de Préfecture, lorsque le prix n'excèdera pas 3,000 fr. lorsqu'il excèdera cette somme, il y sera pourvu par une Ordonnance Royale.

En cas de refus de la part des propriétaires de ces terrains de les céder à dire d'experts, l'expropriation en sera poursuivi devant les tribunaux, conformément à la loi du 8 mars 1810. (1)

11. Les échanges ayant pour objet les chemins vicinaux, seront autorisés dans les formes indiquées par le 2ᵐᵉ paragraphe du précédent article.

12. Seront aussi autorisées dans les mêmes formes, les extractions de matériaux nécessaires à l'établissement des chemins vicinaux.

13. La suppression des chemins inutiles ou nuisibles à l'agriculture peut être votée par les conseils municipaux, ou consentie par eux, sur la demande des propriétaires intéressés. Elle doit être autorisée par le Préfet, sur l'avis des Sous-Préfets, après une enquête de commodo et incommodo, en la forme ordinaire, et après vérification des lieux, s'il y a nécessité.

14. Les chemins supprimés seront vendus au profit de la commune, soit aux enchères, soit de gré à gré, d'après une estimation contradictoire. Cette vente sera autorisée par le Préfet, en conseil de Préfecture, lorsqu'elle n'excèdera pas 3,000 francs.

___

(1) Voyez à la table la nouvelle loi sur l'expropriation

TITRE IVme.

De la réparation et de l'entretien des chemins vicinaux. Des prestations en nature et de leur conversion en argent. De l'imposition des 5 centimes additionnels autorisés par la loi du 28 juillet 1824; et des impositions extraordinaires.

Article 15. MM. les Maires convoqueront chaque année, dans les quinze premiers jours de novembre, et pour cette fois dans la deuxième quinzaine de mars, leurs conseils municipaux, pour les faire délibérer sur les mesures à prendre pour la réparation et l'entretien des chemins vicinaux.

Dans cette délibération, le conseil municipal classera les chemins à réparer, suivant leur dégré d'importance, c'est-à-dire qu'il indiquera l'ordre dans lequel ces chemins devront être réparés, en commençant par le plus utile ou par celui dont les réparations sont les plus urgentes, et ainsi de suite. Il établira le nombre des prestations en nature qui peuvent être fournies par la commune. Il indiquera si ces prestations sont suffisantes pour les réparations qu'il aura déterminées, et, dans le cas contraire, il s'ajournera à une seconde séance qui devra avoir lieu au plus tard dans la quinzaine qui suivra la première, et à laquelle seront appelés les plus imposés de la commune, en nombre égal aux membres du conseil. Dans cette seconde séance, le conseil votera une imposition de la somme nécessaire pour couvrir la dépense qui excédera le montant de la prestation en nature. A cet effet, la délibération indiquera 1° les chemins qui devront être réparés, le nombre des journées de manœuvre et de charrois qui seront nécessaires pour cet objet; le montant en argent de ces journées et charrois, d'après la fixation des taxes de remplacement.

2° Le produit en argent des prestations en nature que doit fournir la commune, calculé d'après la même base.

3° Le montant des travaux d'art à exécuter, résultant des devis détaillés qui seront joints à la délibération.

16. Tout employé, chef de famille ou d'établissement, à titre de propriétaire, de régisseur, de fermier ou colon partiaire (métayer ou bordier), qui est porté sur l'un des rôles des contributions directes, peut être tenu pour chaque année,

1° A une prestation qui ne peut excéder deux journées de travail ou leur valeur en argent, pour lui et pour chacun de ses fils vivant avec lui, ainsi que pour chacun de ses domestiques mâles, pourvu que les uns et les autres soient valides et âgés de vingt ans accomplis.

2° A fournir deux journées, au plus, de chaque bête de trait ou de somme, de cheval de selle ou d'attelage de luxe, et de chaque charrette en sa possession, pour son service ou pour le service dont il est chargé. (loi du 28 juillet 1824 art. 3)

Pour l'exécution du présent article, il sera formé annuellement, dans la première quinzaine de septembre, et pour cette fois dans la quinzaine qui suivra la réception du présent arrêté, un état de tous les chefs de famille ou d'établissement, à titre de propriétaire, de régisseur, de fermier, métayer ou bordier, qui sont portés sur les rôles des contributions directes, dans la seconde colonne de l'état (voir le modèle N° 1 à la suite du présent arrêté), en regard du nom de chaque chef de famille, on indiquera le nombre de ses fils vivant avec lui, et le nombre de ses domestiques mâles. La troisième colonne indiquera le nombre de bêtes de trait ou de somme, de chevaux de selle ou d'attelage de luxe et de charrettes, en sa possession, pour son service ou pour celui dont il est chargé. Cet état sera dressé par la Maire, assisté de son adjoint et des cinq propriétaires formant la commission des répartiteurs de la commune, auxquels sera adjoint le percepteur.

Il est bien entendu que tout chef de maison, s'il n'est point valide, s'il n'a point atteint sa vingtième année, ou si c'est une femme, ne doit pas personnellement les prestations exigées par les paragraphes 2 et 3 du présent article ; mais qu'elle que soit sa position, il les doit pour ses fils vivant avec lui, pour ses domestiques mâles, etc. pour ses bêtes de trait ou de somme, etc.

Les réclamations contre l'inscription sur l'état matrice ou contre le nombre des prestations imposées, seront adressées au Préfet par l'intermédiaire des Sous-Préfets, qui donneront leur avis après avoir pris celui des Maires.

17 Les prestations en nature qui seront votées par les conseils municipaux pourront être payées en argent par les contribuables, d'après le taux

des taxes de remplacement qui aura été fixé par le conseil municipal. Ceux qui voudront se libérer de cette manière seront tenus d'en faire la déclaration à la mairie, dans le délai d'un mois au plus tard, après la notification qui leur aura été faite de l'article du rôle de prestations les concernant, ainsi qu'il est dit à l'article 20.

A cet effet, le Conseil Municipal, dans sa première délibération, déterminera d'une manière positive :

1° Le prix de la journée de travail d'un terrassier.

2° Le prix de la journée d'un cheval de bât avec son conducteur.

3° Le prix de la journée d'une charrette attelée d'un cheval ou de bœufs avec son conducteur.

Ces prix ne pourront être au-dessous ni au-dessus, savoir : pour une journée de terrassier, de 1^f à 1^f 50^c.

Pour une journée de cheval de bât, avec son conducteur, de . . . . . 2^f à 4^f.

Pour une journée de charrette, avec son conducteur, de . . . . 3^f à 6^f.

Dans tous les cas, ces prix ne seront définitifs qu'après l'approbation du Préfet.

Tout contribuable qui ne fournirait qu'une portion de journées, soit en manquant aux heures, soit autrement, sera tenu d'en acquitter le surplus en argent.

18. Lorsque le rôle des prestations en nature aura été dressé, il sera transmis au Préfet, par l'intermédiaire du Sous-Préfet, pour être rendu exécutoire.

19. Il ne pourra être demandé de dégrévement qu'après que ce rôle aura été mis en recouvrement. Ces dégrèvemens seront prononcés comme pour les autres contributions, par le conseil de Préfecture.

20. Aussitôt que le maire aura reçu le rôle de prestations en nature, rendu exécutoire par le Préfet, il adressera à chaque contribuable un avertissement indiquant le montant de son contingent, le jour et le lieu où il devra le fournir.

21. Tout prestataire qui n'aura pas acquité son contingent en nature, à l'époque déterminée, sera censé avoir renoncé à la faculté de se libérer de cette manière, et il sera contraint à payer la taxe de remplacement en argent. En conséquence, le Maire remettra au percepteur le rôle de la prestation en nature arrêté par le Préfet, après avoir emargé les articles des contribuables qui se seront libérés par ce mode. Le percepteur sera tenu, sous sa responsabilité, de faire le recouvrement du montant des autres articles dans le délai d'un mois, et de la même manière que pour les contributions directes, et il en sera fait mention particulière dans les quittances à talon qu'il délivrera aux contribuables. Il lui sera alloué les mêmes remises que pour les contributions.

Dans le cas cependant où un prestataire qui n'aurait pas fourni son contingent à l'époque qui lui aura été fixée, en apporterait une excuse légitime qui serait agréée par le Maire, celui-ci pourrait l'autoriser à se libérer plus tard, et lui fixerait une nouvelle epoque.

22 Le produit des taxes de remplacement sera employé au paiement des travaux qui n'auront pas été exécutés au moyen des prestations en nature, sans qu'il soit besoin d'une autorisation spéciale du Préfet. Le Maire est autorisé en conséquence, à se procurer les ouvriers, chevaux et voitures nécessaires pour pourvoir en totalité ou en partie au remplacement des prestations non effectuées.

Ce produit sera porté en recette et en dépense sur le compte communal. La dépense sera justifiée par les mandats du Maire, délivrés au profit des ouvriers qu'il aura employés. Ces mandats seront payés par le percepteur, sur l'acquit des parties prenantes.

23 Les impositions qui ne dépasseront pas les cinq centimes par franc du principal des contributions directes, seront autorisées par le Préfet; celles -qui excéderaient cette quotité ne pourront être mises en recouvrement qu'en vertu d'une ordonnance royale.

Les rôles de ces deux impositions seront confectionnés par le directeur des contributions directes, et rendus exécutoires par le Préfet. Ils comprendront, en sus de l'imposition autorisée, le montant des frais de confection de rôles, aux simples déboursés, et les remises des percepteurs.

Le produit de ces impositions sera porté en recette sur les budgets et comptes communaux, dans un chapitre séparé, et l'emploi en sera justifié de la même manière que celui des autres fonds municipaux.

TRAVAUX. — FOSSÉS.

24. Les travaux à exécuter pour la réparation et l'entretien des chemins vicinaux, se diviseront en travaux d'art et travaux de terrassement ou d'empierrement.

Les travaux d'arts seront exécutés, autant que possible, au moyen d'adjudications consenties par les Maires et approuvées par le Préfet. Il sera dressé à cet effet des devis réguliers sur lesquels les conseils municipaux donneront leur avis, et qui seront approuvés par les Sous-Préfets.

Ces travaux pourront néanmoins être exécutés en régie, sous la direction des Maires et des commissaires-voyers; mais ce mode ne pourra être employé qu'avec l'autorisation du Préfet.

Les travaux de terrassements et d'empierremens seront exécutés au moyen de prestations en nature et, en cas d'insuffisance, au moyen du produit des taxes de remplacement, ou des impositions perçues comme il est dit ci-dessus.

25. Les chemins dont le sol sera plus bas que celui des propriétés riveraines, ou sera de niveau avec ces propriétés, auront tous, autant que possible, des fossés latéraux.

Ceux qui seront supérieurs à ces propriétés auront de chaque côté un talus dont la pente sera déterminée, suivant les circonstances, par les hommes de l'art chargés de la conduite des travaux, et, à défaut, par les Maires, sur l'avis des commissaires-voyers.

26. Les fossés bordant les chemins vicinaux seront

ouverts et réparés d'après le mode que les chemins. Leur curage et leur tracé feront partie des projets rédigés pour les travaux de ces chemins.

Les fossés auront au moins un mètre (3 pieds) d'ouverture, un tiers de mètre (1 pied) dans le bas, et deux tiers de mètre (2 p.)de profondeur.

27. Lorsque les chemins vicinaux seront bordés par des fossés, les communications entre les chemins et les propriétés voisines, ne pourront être établies qu'au moyen de pontceaux et non par des remblais. L'établissement et l'entretien de ces pontceaux seront à la charge des propriétaires intéressés.

Travaux qui exigent le concours de plusieurs Communes.

Article 28. Lorsque la réparation d'un chemin, la construction ou la réparation d'un pont, intéresseront plusieurs communes, chacune de ces communes intéressées devra concourir à la dépense des travaux à faire, dans la proportion combinée de ses ressources et des avantages qu'elle aura à retirer de l'exécution de ces travaux. En cas de discord entr'elles sur la proportion de cet intérêt et des charges à supporter, ou en cas de refus de subvenir aux dites charges, il sera statué à cet égard par le Préfet, en conseil de Préfecture. D'après la délibération des conseils municipaux, assistés des plus imposés (Loi du 28 juillet 1824, article 9.)

29. Lorsque l'administration aura à décider sur de pareilles difficultés entre les communes intéressées

elle prendra les mesures nécessaires pour s'assurer du plus ou moins de fondement des réclamations présentées à cet égard par les conseils municipaux; elle enverra sur les lieux, soit des ingénieurs, soit des commissaires-voyers, soit enfin d'autres hommes de l'art, pour avoir des rapports motivés qui puissent faire cesser toute incertitude.

30. Les travaux exigeant le concours de plusieurs communes, seront exécutés, autant que possible, au moyen des prestations en nature, et subsidiairement au moyen des fonds provenant des taxes de remplacement ou du produit des impositions extraordinaires, mais dans la proportion des ressources communales et du dégré d'intérêt local.

TITRE Vme.

De la conservation des chemins vicinaux, Plantations.

Article 31. Tous propriétaires riverains des chemins vicinaux seront tenus de tailler leurs haies le long des dits chemins, perpendiculairement à leurs bords.

Ils seront tenus de couper les branches de leurs arbres qui avanceraient sur les chemins, de manière à les laisser entièrement libres, jusqu'à la hauteur de quatre mètres au moins.

L'élagage des haies et des arbres devra être fait tous les ans dans le courant du mois de janvier et terminé au premier février. Passé cette époque, les Maires le feront exécuter d'office, aux dépens des propriétaires en retard.

32. Nul ne pourra curer les fossés sur les bords

des chemins vicinaux, en extraire des terres et des boues, qu'avec l'autorisation du Maire, et à la charge de transporter sur le chemin une quantité de pierres ou de gravier équivalante à l'avantage qu'il devra retirer de cette autorisation.

33. Les propriétaires de fonds en culture le long des chemins, ne pourront y jeter ou déposer des pierres ou cailloux qu'en les disposant de manière que ces chemins ne puissent en être embarrassés.

34. Il est défendu à qui que ce soit et pour quelle cause que ce soit, de faire aucun dépôt de fumier de matériaux et autres, aucun enlèvement de terres, pierres ou gazons; aucun comblement de fossés ou aqueducs; aucuns barrages, rigoles, et autres entreprises ou dégradations nuisibles à la conservation et à la viabilité des chemins.

35. Nul ne pourra planter sur le bord des chemins vicinaux; même dans sa propriété, qu'à la distance de deux mètres pour les arbres de haute tige, et d'un demi mètre pour les autres arbres et les haies vives. Cette distance sera calculée à partir de l'arête extérieure des fossés; et pour les chemins supérieurs aux terrains riverains, à partir de la base des talus; et pour ceux à mi-côte, à partir de l'angle du talus supérieur d'un côté, et de l'autre de la base du talus.

Les communes pourront réclamer l'arrachement des arbres qui, n'étant pas à la distance voulue du bord des chemins, n'ont pas encore 30 ans.

36. Aussitôt que la largeur des chemins aura été définitivement arrêtée dans chaque commune, il sera planté, dans la forme usitée pour les pro-

priétés rurales, des bornes sur tous les points reconnus nécessaires, et particulièrement sur ceux où la route changera de direction. Il sera dressé procès-verbal de cette plantation de limites par le Maire, assisté de deux membres du conseil municipal.

De la répression des contraventions par le conseil de Préfecture.

37. Les envahissemens, empiétemens, plantations d'arbres ou de haies, constructions de murs, établissemens de fossés, et autres entreprises tendant à changer la largeur ou la direction fixée par l'administration aux chemins vicinaux, seront réprimés par le conseil de Préfecture, conformément aux lois des 9 ventôse an 12, et 9 ventôse an 13.

38. Les contraventions seront constatées par les Maires ou par les adjoints ou les gardes champêtres. Les procès-verbaux seront dénoncés au délinquant par les adjoints des Maires, avec injonction de remettre les choses dans leur état primitif, et notification que faute de ce faire dans le délai de huitaine, les contrevenans seront poursuivis devant le Conseil de Préfecture.

Les procès-verbaux de contraventions et les actes de notification, devront être visés pour timbre et enregistrés en debet, dans le délai de quatre jours, conformément aux lois des 13 brumaire et 22 frimaire an 7, relatives au timbre et à l'enregistrement.

39. Si les délinquans laissent expirer le délai

fixé par la notification sans s'y conformer, les Maires dresseront un second procès-verbal constatant cette désobéissance. Ce second procès-verbal sera également visé pour timbre et enregistré en debet dans le délai de quatre jours. Les Maires adresseront au Préfet, par l'intermédiaire des Sous-Préfets, les procès-verbaux constatant les contraventions et le refus des délinquans, avec le double des actes des notifications qui leur auront été faites. Le conseil de Préfecture prendra une décision qui sera rendue exécutoire par le Préfet, et qui sera transmise aussitôt au Maire, chargé de la ramener à exécution après l'avoir faite notifier au délinquant par le ministère d'un huissier.

De la répression des contraventions par le tribunal de police, le Juge de Paix et les Maires.

Article 40. Les contraventions aux articles 31, 32, 33 et 34 du présent arrêté, seront, conformément aux articles 139 et 140 du code d'instruction criminelle (Bulletin des lois, N° 214 bis), réprimées par le juge de paix si elles ont été commises dans l'étendue de la commune, chef-lieu de canton, ou même dans les autres communes, lorsque, hors le cas de flagrant délit, elles auront été commises par des personnes non domiciliées ou non présentes dans la commune, ou lorsque les témoins qui devront déposer n'y seront pas résidans ou présens.

41. Les mêmes contraventions seront, conformément à l'article 166 du susdit code, réprimées par les Maires des communes non chef-lieux de canton

concurremment avec les juges de paix, lorsque lesdites contraventions auront été commises dans l'étendue de leurs communes, ou qui y sont présentes, et lorsque les témoins y seront aussi résidans ou présens.

42. Lorsque la connaissance des contraventions devra être portée devant les juges de paix, ces contraventions seront constatées par les commissaires de police, par les Maires et adjoints concurremment avec les gardes champêtres.

Les procès-verbaux qu'ils rédigeront à cet effet, constateront la nature et les circonstances des contraventions, le lieu, et s'il se peut, le temps ou elles auront été commises, les preuves ou indices à la charge de ceux qui en seront présumés coupables (Article 11 du susdit code).

Ces procès-verbaux, préalablement affirmés devant le Maire ou le juge de paix, s'ils sont faits par les gardes champêtres, visés pour timbre et enregistrés en debet, seront remis dans les 3 jours compris celui de leur rédaction, aux commissaires de police, pour les cantons où il y en a, et pour les autres cantons au Maire de la commune chef-lieu, ou à son défaut à l'adjoint. Ces fonctionnaires etant chargés du ministère public près le juge de paix, en matière de police, feront citer les prévenus, et procéderont conformément aux articles 145 et suivans du susdit code.

43. Lorsque les Maires connaitront des contraventions, ils citeront les prévenus par un avertissement, et procéderont, eux et leurs adjoints, comme chargés du ministère public, conformément

aux articles 167, 168, 169, 170, 171 et autres rappelés dans ce dernier, du même code.

44. Dans tous les cas, les dites contraventions seront punies des peines portés au 4° livre du code pénal, indépendamment des frais de réparations et de dommages-intérêts dont les contrevenans pourront être tenus.

TITRE VIme.

Commissaires-Voyers. — Leurs attributions.

Art. 45. Les commissaires-voyers sont chargés de seconder les Maires dans toutes les mesures qui ont pour objet la reconnaissance, la réparation, l'entretien, la surveillance des chemins vicinaux ; mais l'institution de ces agens ne change rien et ne peut rien changer aux attributions des Maires, en matière de petite voirie, attendu qu'ils ne sont établis que pour les seconder dans les opérations relatives à cette partie du service, et pour concourir avec eux à l'amélioration de ces importantes communications.

Les commissaires-voyers pourront assister à toutes les délibérations des conseils municipaux, concernant le service des chemins vicinaux ; ils auront voix consultative dans ces délibérations.

46 Les commissaires-voyers assisteront, autant que possible, les Maires dans la formation de l'état général des chemins vicinaux prescrit par l'art. 3 du présent arrêté.

Ils parcourront fréquemment les chemins vicinaux de leurs arrondissemens respectifs, ils en constateront l'état par des rapports trimestriels qu'ils adresseront aux Sous-Préfets pour être transmis au Préfet.

Ils proposeront les élargissemens, redressemens et réparations qu'ils jugeront convenables dans l'intérêt de la viabilité des chemins. Ils indiqueront les chemins communaux qui pourraient être supprimés sans inconvénient.

Ils pourront être chargés de dresser les divers détails estimatifs, plans, nivellemens et profils relatifs à l'établissement, au redressement ou au changement de direction des chemins vicinaux. Les plans devront indiquer partiellement les terrains à céder par les propriétaires riverains, afin que, dans ce cas, l'administration puisse prendre les mesures nécessaires pour faire procéder à l'estimation de ces terrains par experts, ou à l'expropriation pour cause d'utilité publique, conformément à la loi du 8 mars 1810 (1)

47. D'après la demande des Maires et sur la réquisition des Sous-Préfets, les commissaires-voyers devront se transporter dans les communes où leur présence sera nécessaire : ils se concerteront avec les Maires, soit pour les réparations à exécuter, soit pour la surveillance des ouvriers qui seront employés, soit enfin pour tout ce qui peut entrer dans leurs attributions.

48. Lorsqu'il y aura des travaux d'art à exécuter, ils pourront être chargés de la direction de ces travaux ; dans ce cas, ils fourniront les plans élévations, coupes et profils nécessaires, ainsi que des devis détaillés.

---

(1) Voyez la nouvelle loi sur l'expropriation.

E.

Dans leurs rapports trimestriels, ils feront connaître la situation de ces travaux.

49. Toutes les fois que dans leurs tournées les commissaires-voyers reconnaîtront quelque contravention en matière de chemins vicinaux, ou quelque entreprise tendant à nuire à leur viabilité, ils en rendront compte sur le champ au Maire de la commune, et la signaleront en outre dans leur rapport.

Dispositions Générales.

Art. 50. Dans tous les cas relatifs au service des chemins vicinaux, qui n'auraient pas été prévus par le présent arrêté ou qui seraient d'un intérêt purement local, M. M. les Sous-Préfets sont autorisés à prendre les mesures qu'ils croiront nécessaires; mais les arrêtés qu'ils prendront à cet égard ne seront obligatoires qu'après l'approbation du Préfet.

51. Le présent arrêté sera publié et affiché dans toutes les communes du département. Il sera imprimé dans le recueil des actes administratifs, et adressé à M. M. les Sous-Préfets, Maires, juges de paix et commissaires-voyers qui sont chargés, chacun en ce qui les concerne, d'en assurer l'exécution.

52. Il sera soumis à l'approbation de son Excellence le Ministre de l'intérieur.

le 4 janvier 1825.

Le Préfet du département,

Approuvé par son Excellence le Ministre de de l'intérieur, le 7 février 1825.

ARRÈTÉ *sur la reconnaissance et le classement des Chemins vicinaux.*

L'article deuxième établit diverses classes de chemins vicinaux qui sont déterminées par le degré d'utilité et d'importance réelle de chacun d'entr'eux. Dans la situation actuelle d'une grande étendue de nos routes départementales, et dans la prévoyance de la durée prolongée et inévitable des travaux de leur construction, les communes dont elles traversent le territoire, feront sagement de leur donner toute la viabilité possible, de les traiter à l'égal des chemins vicinaux de première classe, et d'anticiper quant à elles une partie des services que ces routes doivent rendre un jour au pays. Néanmoins il n'y aurait aucune convenance à les comprendre au nombre des routes à classer dans les communes, et l'on doit s'en abstenir.

Par le premier paragraphe de l'article 3, les conseils municipaux sont chargés de déterminer les chemins qui doivent rester à la charge des communes, et ceux qui doivent être réparés par les seuls propriétaires qui y auront intérêt. On observera qu'en général ces chemins devront être rangés dans la troisième classe, et que bien qu'ils soient communaux et qu'ils demeurent dans le domaine public, comme ceux des deux premières classes, ils ne présentent pas néanmoins assez d'intérêt pour que les communes se chargent du moins, en ce moment, de leur entretien. Tel est le vœu de l'article 1er de la loi du 28 juillet, qui ne fait que reproduire une disposition de celle du 6 octobre 1791 ; les conseils municipaux devront se renfermer dans ces sages limites, afin que les ressources destinées à la restauration des chemins, ne soient pas divisées au point d'en rendre l'emploi illusoire, et que réservées aux seules communications réellement nécessaires, elles suffisent pour les maintenir toutes en bon état.

Pour préparer le tableau que les Maires soumettront à leurs conseils municipaux respectifs et livreront à leurs discussions, ils feront bien de s'entourer pour le former de tous les secours dont ils sentiront la nécessité, en interrogeant les documens publics et les hommes de la localité ; mais ces derniers avec la réserve que doit inspirer la crainte qu'une pensée de convenance ou d'intérêt personnel n'influe quelquefois sur la fidélité des souvenirs.

Ces préalables remplis, ils réuniront leur conseil municipal et lui communiqueront l'état qu'ils auront dressé et qu'il devront arrêter en triple expédition, aussitôt après la discussion, ainsi que le prescrit l'arrêté

On devra ensuite faire la publication exigée, et entendre toutes les réclamations qui pourront être élevées durant le mois qui suivra cette publication. Convoquer, s'il y a lieu, de nouveau le conseil municipal pour lui donner communication des réclamations qui seront parvenues et sur lesquelles il sera immédiatement délibéré par le conseil. Il ne leur restera qu'à faire parvenir sans retard, au

Préfet par l'intermédiaire des Sous-Préfets, le tableau ainsi discuté, arrêté et rectifié.

ARRÈTÉ

Sur les chemins vicinaux.

Vu les lois des 28 février 1805 (9 ventôse an 13), et 28 juillet 1824;

Considérant que la reconnaissance et la classification des chemins communaux n'a pas encore été faite dans toutes les communes du département; qu'il importe cependant, pour la réparation et la conservation de ces chemins que cette opération ait lieu, et qu'il est utile de rappeler et de déterminer des règles précises et fixes pour l'éxécution des lois précités;

Nous, Préfft

Arrètons :

Art. 1.er Dans les communes où la reconnaissance et la classification des chemins communaux, n'a pas encore été faite, il sera procédé immédiatement à ce travail par M. M. les Maires, en exécution de l'art. 6 de la loi du 28 février 1805 (1), et de l'article 1.er de celle du 28 juillet

---

(1) « L'administration publique fera rechercher et reconnaître les anciennes limites des chemins vicinaux, et fixera, d'après cette reconnaissance, leur largeur suivant les localités, sans pouvoir cependant, lorsqu'il sera nécessaire de l'augmenter, la porter au delà de six mètres, ni faire aucun changement aux chemins vicinaux qui excèdent actuellement cette dimension. »

1824 (1).

Art. 2. Les chemins reconnus communaux, soit en vertu des cadastres anciens ou nouveaux, ou de tout autre titre, soit en raison de leur usage, ou d'après les indications de la notoriété publique, seront inscrits par classes sur un état qui sera dressé en triple expédition et conforme au modèle ci-joint.

Seront rangés, savoir:

Dans la première classe, les chemins reconnus d'une utilité générale pour les habitans de la commune, tels que ceux qui conduisent directement au chef-lieu de canton, aux villes et gros bourgs où se tiennent les foires et marchés, et au grandes routes royales et départementales.

Dans la deuxième classe, ceux que l'on parcourt pour se rendre du chef-lieu d'une commune au chef-lieu d'une autre commune ou de clocher à clocher.

Dans la troisième, tous ceux qui servent de communication avec les villages, hameaux, habitations, ou avec une propriété publique, enfin, tous les chemins qui ne sont pas de droit compris dans les deux premières classes, et autres que ceux connus sous la dénomination de *chemins de service*, qui appartiennent à des particuliers.

---

(1) « Les chemins reconnus par un arrêté du Préfet, sur une délibération du conseil municipal, pour être nécessaires à la communication des communes, sont à la charge de celles sur le territoire desquelles ils sont établis, sauf le cas prévu par l'article 9 ci-après. »

Art. 3. Cet état sera discuté par le conseil municipal dont la réunion est autorisée à cet effet dans les communes où il reste encore à faire. Il proposera toutes les rectifications dont il le croira susceptible indiquera les chemins qui lui paraitront devoir être changés ou suprimés et rendus à l'agriculture, et fera connaitre ceux dont l'entretien devra rester à la charge de la commune, et ceux qui devront être réparés par les seuls propriétaires qui y ont intérêt.

Une expédition de l'état, ainsi rectifié et annoté, sera affichée sur la porte principale de la maison commune ou de l'église, et il sera annoncé par un avis publié dans la commune, que le double de ce tableau restera un mois entre les mains de M. le Maire pour être communiqué à tous ceux qui auraient intérêt à en prendre connaissance.

Si pendant ce délai il est fait des réclamations ou des observations quelconques, soit sur la formatiou de l'état, soit sur les propositions du Maire ou du conseil municipal, ce dernier sera convoqué une seconde fois le premier dimanche qui suivra le jour de l'expiration du mois d'affiche; il examinera et discutera ces réclamations ou observations, et donnera son avis sur leur objet. Sa délibération sera immédiatement transcrite sur l'état même, s'il est possible, et sur les deux expéditions restantes dans la colonne réservée à cette destination ; et à défaut, elle sera jointe séparément à chacune des trois expéditions qui nous seront transmises par l'intermédiaire de M. le Sous-Préfet de l'arrondissement, pour, sur l'avis de ce fonctionnaire, être définitivement arrêtée par nous, s'il y a lieu, et les questions de propriété. s'il s'en présente, être renvoyées devant les tribunaux.

Art. 4. Dans l'opération qui leur est confiée, les Maires et les conseils municipaux mettront le plus grand soin à rechercher les anciennes limites des chemins communaux : ils indiqueront sur l'état, leur longueur actuelle, celle qu'ils seront présumés avoir eue, celle enfin qu'il conviendrait de leur donner. Ils ne négligeront rien pour faire connaitre les usurpations qui ont pu avoir lieu, leur origine, leurs auteurs, et les moyens de faire rétablir la largeur primitive des chemins qui auraient été l'objet d'envahissemens.

On devra observer toutefois, que dans aucun cas, la largeur des chemins communaux ne pourra être portée au-delà de six mètres, non compris les fossés, en tout huit mètres, et qu'il ne pourra être fait aucun changement aux chemins qui ont cette largeur. (*Loi du 28 février 1805, article 6*).

Ils considéreront encore que les chemins communaux sont imprescriptibles, à moins qu'ils n'aient été entièrement supprimés et abandonnés depuis plus de trente ans par les communes; que, hors ce cas, on n'a pu acquérir, même par la possession, tout ou partie de ces chemins; qu'ainsi les terrains usurpés sur leur largeur, quelque ancienne que soit la date de l'usurpation, doivent être restitués, ou donner lieu à des poursuites contre les détenteurs.

Enfin ils observeront, relativement à l'inscription des chemins sur l'état, que tous ceux d'origine communale, doivent sans exception y être portés, sauf à proposer la vente au profit de la commune de ceux qui seraient inutiles et qui pourraient être rendus à l'agriculture.

Et quant aux chemins qui sont une propriété privée, ils n'en inscriront aucun, à moins qu'ils ne soient d'une utilité publique généralement reconnue; et dans ce cas, la commune devra indemniser les propriétaires de leurs chemins, soit à l'amiable, soit sur rapport d'expert, soit d'après la décision des tribunaux civils.

DÉPARTᵗ. DE LA   ÉTAT et CLASSEMENT des Chemins
CANTON d   de l'arrêté de M. le Préfet, du 7
COMMUNE d

NUMÉROS D'ORDRE.	CLASSE.	CHEMINS.		LARGEUR.		Observations et propositions du Maire, (2)
		Direction. (1)	Étendue dans la commune.	Actuelle.	qu'il convient de donner.	
						(a)

Dressé le présent état, en triple expédition, par

(*) En indiquant la direction ou dénomination des
etc., qui traversent les chemins.

(**) M. le Maire fera connaître dans cette colonne
sont une propriété communale. Il motivera aussi
tives à l'élargissement des chemins, leur maintien,
les circonstances qui font l'objet de l'article 4 de

(a) *Nota.* Le Maire certifiera à cette colonne l'ac-
le délai prescrit par l'article 3 de l'arrêté. Dans le
l'attestera également.

Communaux d   dréssé conformément à l'article 2
octobre 1829.

INDICATION des habitans et propriétaires réclamans et de l'objet de leurs réclamations.	SOMMAIRE de l'avis du conseil municipal sur les propositions du Maire, et sur les réclamations.	SOMMAIRE.		OBSERVATIONS.
		de L'AVIS des sous-préfets	de la DÉCISION du Préfet.	

le soussigné, maire de la commune d   le   18

chemins, on fera connaître les points principaux,

les faits ou les titres qui constatent que les chemins
dans la même colonne ses diverses propositions rela-
leur réparation. Il s'expliquera enfin, sur toutes
l'arrêté.
complissement de la formalité de l'afficne pendant
cas où il n'aurait pas été fait de réclamations, il

MODÈLES

d'état matrice et de rôle de prestations. (1)

Les modèles suivans sont libellés assez clairement pour qu'il ne soit pas nécessaire de donner d'explication sur la manière de les remplir. On remarquera seulement que le modèle N° 1 contient une colonne d'observations qui pourra servir à expliquer chaque année les mutations survenues dans la situation du contribuable. Par exemple : le sieur Jaubert (Jean) est porté pour cette année comme ayant avec lui 2 fils vivant avec lui valides et agés de vingt ans accomplis, et pour lesquels il doit tant pour lui (en le supposant valide) que pour eux 10 journées de main-d'œuvre. L'année suivante sa po-

---

(1) *Voyez page 36, l'arrêté préfectoral du 3 mars 1825.*

sition change, soit parcequ'il devient lui même invalide, soit parce qu'un de ses fils l'a quitté ou est devenu également invalide, soit parce qu'il n'a plus le même nombre de domestiques mâles ; alors on établira sur la ligne en regard de cette année, le nombre des personnes de sa maison, chacun dans sa catégorie, passibles de la prestation, et on expliquera dans la colonne d'observations les motifs de la diminution ou de l'augmentation s'il y a lieu. La même règle est applicable pour la fourniture des journées de bêtes de somme, de charrette, etc. Le modèle N° 2 n'a pas besoin d'explication.

Modèle N° 1. *ÉTAT MATRICE de tous les chefs de*
d   portés aux rôles
en nature pour la réparation ou
loi du 28 juillet 1824.

N°s D'ORDRE.	NOMS DES CONTRIBUABLES.		Domicile.	NOMBRE.	
				des fils du contribuable vivant avec lui, valides et agés de 20 ans accom.	des domestiqnes mâles du contribuable valides et âgés de 20 ans accomplis.
1	Jaubert (Jean).	1825	La Farge.	2	2
		1826		2	1
		1827		1	2
		1828			
		1829			
2	Marot (Fran^ᵉᵉ).	1825	Le Maine.	1	1
		1826		2	«
		1827		2	2
		1828			
		1829			

famille ou d'établissement domiciliés dans la commune
des contributions directes, et tenus de la prestation
l'entretien des chemins vicinaux, en exécution de la

NOMBRE.			NOMBRE.			OBSERVATIONS.
de bêtes de trait, ou de somme	chevaux de selle ou d'attelage de luxe.	de charrette	journées de main-d'œuvre.	journées de cheval de bât.	journées de charrettes attelées.	
en la possession du contribuable, pour son service, ou pour le service dont il est chargé.			dont peut être tenu le contribuable.			
«	«	1	10	«	2	
1	«	1	8	2	2	
«	«	1	8	«	2	
1	«	«	4	2	«	
1	«	«	4	2	«	
«	«	1	4	«	2	

Modèle N° 2. *ROLE des prestations en nature*
Année 1825. *pour la réparation et l'entretien*
conseil municipal, en date du

NOMS ET PRÉNOMS DES PRESTATAIRES.	Domicile.	NOMBRE.		
		de journées de main d'œuvre.	de journées de cheval de bât.	de journées de charrette.
		dues par le prestataire.		
Jaubert (Jean)....	La Farge.	10	«	2
Marot Françoise.	Le Maine	4	2	«
Totaux..		14	2	2

Arrêté *le présent rôle de prestations en nature,*
journées de cheval ou bête de somme, et
tien *des chemins vicinaux de la commune d*
commune.

A   LE

dues par les contribuables de la commune de
des chemins vicinaux, d'après la délibération du

MONTANT DE LA TAXE de remplacement des journées ci-con.			TOTAL de la taxe de remplacement.	Émargement.
pour les journées de main-d'œuvre.	pour les journées de cheval de bât.	pour les journées de charrette.		
f. c.	f. c.	f. c.	f. c.	
12 50	« «	7 «	19 50	
5 «	4 «	« «	9 «	
17 50	4 «	7 «	28 50	

comprenant   journées de main d'œuvre,
journées de charrettes pour la réparation et l'entre-
en 1825, par le conseil municipal de ladite

182..

F.

MODÈLE *de la délibération à prendre par un Conseil Municipal pour le vote d'un rôle de prestations en nature.*

L'an   et le   du mois de   le conseil municipal de la commune de   s'est réuni au lieu ordinaire de ses séances, sous la présidence de M. le Maire, en vertu de l'autorisation de M. le Sous-Préfet du   (Si la réunion a lieu pendant l'une des quatre sessions annuelles, le conseil municipal peut délibérer sans cette autorisation).

M. le Maire fait un rapport sur l'état des chemins vicinaux, duquel il résulte que la plupart des chemins sont dans un état de dégradation qui nécessite de promptes réparations; il propose en conséquence de voter un rôle de prestations en nature pour faire exécuter ces réparations, afin que les communications de la commune ne se trouvent pas tout-à-coup interrompues.

Le conseil prenant en considération l'exposé fait par M. le Maire,

Délibère :

Article 1er. Conformément à la proposition de M. le Maire, il sera dressé un rôle de prestations en nature, pour la réparation des chemins vicinaux de cette commune dans l'ordre ci-après :

1° Chemin appelé de   conduisant de   à

2° Chemin appelé   conduisant de   à   etc.

Article 2me Tout employé, chef de famille ou d'établissement, à titre de propriétaire, de régisseur, de fermier ou de colon partiaire, porté sur le rôle des contributions directes de la commune, sera tenu de fournir : 1° Deux journées de travail, ou leur valeur en argent, pour son compte, et autant pour chacun de ses fils vivant avec lui et domestiques mâles , 2° et deux journées de chaque bête de trait ou de somme, de cheval de selle ou d'attelage de luxe et de chaque charrette en sa possession.

Article 3me. Le taux de la taxe de remplacement est fixé ainsi qu'il suit :

Pour une journée de terrassier à (de 1 f. à 1 f. 50.)

Pour une journée de cheval de bât, avec son conducteur, à.......(de 2 f. à 4 f.)

Pour une journée de charrette, avec son conducteur, à..............(de 3 f. à 6 f.)

Article 4me. Le rôle sera publié et mis en recouvrement aussitôt qu'il aura reçu l'approbation de M. le Préfet.

La présente délibération sera transmise à M. le Sous-Préfet, pour être soumise à l'approbation de M. le Préfet.

Fait et délibéré à   les jour, mois et an susdits et ont signé les membres présens à la séance.

FORMALITÉS *à remplir pour la vente des terrains communaux.*

Lorsque les communes possèdent des terrains dont elles ne retirent aucun produit, ou qui ne sont pour elles d'aucune utilité, elles peuvent demander l'autorisation de les vendre pour en employer le prix à la réparation des chemins vicinaux.

Les formalités à remplir, pour obtenir cette autorisation, sont simples et faciles.

Le Maire fait dresser, par un expert qu'il nomme, le procès-verbal d'estimation des communaux à vendre.

Ce procès-verbal divise les communaux en plusieurs lots, afin d'en faciliter la vente; il indique la nature du terrain, l'étendue en nouvelles mesures, la confrontation et la valeur de chaque lot.

Le Maire met ce procès-verbal sous les yeux du conseil municipal, qui prend une délibération, dans laquelle il demande que la commune soit autorisée à aliéner les communaux désignés dans le procès-verbal, et à employer le prix provenant de la vente à la réparation des chemins vicinaux.

Le Sous-Préfet, après avoir reçu la délibération et les pièces y relatives, nomme un commissaire chargé de procéder à une enquête *de commodo et incommodo*, destinée à faire connaître les avantages ou les inconvéniens qui pourraient résulter pour la commune de l'aliénation de ses communaux. Il adresse ensuite, avec son avis motivé, toutes les pièces au Préfet qui, s'il y a lieu, les transmet au ministre, et provoque l'ordonnance royale d'autorisation.

FORMALITÉS à remplir pour obtenir l'autorisation d'acquérir un terrain dont le propriétaire veut consentir volontairement la vente.

1° Le conseil municipal autorise le Maire à faire,

auprès du propriétaire du terrain, les démarches nécessaires pour obtenir la vente de ce terrain aux conditions les plus avantageuses à la commune.

2° Il est nommé deux experts pour faire l'appréciation de la valeur du terrain à acquérir, l'un par le propriétaire, et l'autre par le Maire dans l'intérêt de la commune.

3° Le propriétaire du terrain doit donner une déclaration, sur papier timbré, par laquelle il promet d'en consentir la vente à la commune au prix qui sera fixé par les experts et aux conditions arrêtées entre lui et le Maire, et qui seront énoncées dans la déclaration, lorsque l'acquisition aura été légalement autorisée. (1)

4° Le procès-verbal des experts indique la nature, l'étendue en nouvelles mesures, les confrontations et la valeur du terrain; ce procès-verbal est fait sur papier timbré et revêtu de la formalité de l'enregistrement.

5° Le Maire fait dresser, par un notaire, l'état approximatif des faux frais d'acquisition d'après le montant de l'estimation; les frais de transcription et d'inscription au bureau des hypothèques doivent être compris dans cet état. Cet état peut être mis sur papier libre.

6° Si la commune a des ressources disponibles suffisantes, pour faire face à cette dépense, le conseil municipal prend une délibération pour demander que la commune soit autorisée à acquérir

______

(1) Il faut autant de déclarations sous seing privé qu'il y a de propriétaires cessionnaires. Si le propriétaire ne sait pas lire, la déclaration doit être faite devant notaire.

au prix fixé par le procès-verbal des experts et aux conditions arrêtées entre le Maire et le propriétaire du terrain.

7° Dans le cas, au contraire, où il ne serait pas possible de pourvoir à la dépense sur les revenus ordinaires de la commune, on doit recourir à une imposition extraordinaire.

À cet effet, le Maire réunit le conseil municipal et un nombre des contribuables les plus imposés de la commune, égal à celui des membres du conseil, conformément aux articles 39 et 40 de la loi du 15 mai 1818; il met sous leurs yeux toutes les pièces sus énoncées, et leur propose de voter une imposition extraordinaire pour le paiement du prix du terrain à acquérir et pour les frais résultant de cette acquisition.

MODÈLE *de la délibération à prendre par le conseil municipal et les plus imposés.*

DÉPARTEMENT DE   ARRONDISSEMENT DE

COMMUNE DE

L'an, etc.

Le conseil municipal de la commune de réuni extraordinairement, sous la présidence du Maire, au nombre de   assisté, conformément aux articles 39 et 40 de la loi du 15 mai 1818, d'un nombre égal des plus forts contribuables de la commune.

Vu les pièces déposées sur le bureau, relatives au projet d'acquisition d'un terrain nécessaire à l'élargissement (ou à une nouvelle direction) du chemin vicinal de

Vu le budget communal approuvé pour l'année courante ;

Considérant que la dépense proposée forme une somme de   et que la commune n'a aucune ressource disponible à y employer ;

Considérant que cette dépense est d'une utilité incontestable et que la commune ne peut y pourvoir qu'au moyen d'une imposition extraordinaire.

Est d'avis que la commune soit autorisée à acquérir du sieur   le terrain qui a été reconnu nécessaire pour l'élargissement (ou la nouvelle direction) du chemin vicinal de
et à s'imposer extraordinairement, en 183   , la somme de   pour le paiement du prix estimatif du terrain à acquérir et des faux frais qui résulteront de cette acquisition.

Fait et délibéré à   les jour, mois et an susdits, par les membres du conseil municipal et les plus fort imposés ci-après dénommés.

Voyez le tableau ci-après.

NOMS DES MEMBRES DU CONSEIL MUNICIPAL.	SIGNATURES DE CES MEMBRES.	NOMS DES PLUS FORTS CONTRIBUABLES	SIGNATURES DE CES CONTRIBUABLES.

Nota. Si quelque membre du conseil municipal ou quelque contribuable ne sait pas signer, le maire le certifiera en regard de leurs noms.

La délibération et toutes les pièces relatives au projet d'acquisition seront adressées au Préfet, par l'intermédiaire du Sous-Préfet qui donnera son avis et fera procéder préalablement, s'il le juge nécessaire, à une enquête *de commodo et incommodo*, ayant pour objet de faire connaître si la proposition du conseil municipal est utile ou nuisible à la commune.

ÉCHANGE.

L'échange ne peut être autorisé que sur la demande du conseil municipal, précédée du procès-verbal d'estimation des objets à prendre et à donner en échange. Ce procès-verbal qui contient toutes les formalités déjà indiquées, doit être fait par deux experts, dont l'un est nommé par le propriétaire du terrain à recevoir en échange, et l'autre, par le Maire, dans l'intérêt de la commune. Il faut également y joindre l'état des faux frais de l'échange et le conseil municipal doit proposer les moyens d'acquitter ces frais et le montant du retour, si la commune doit en payer.

ACQUISITION FORCÉE.

En cas de refus de la part des propriétaires des terrains nécessaires à l'ouverture à l'élargissement ou à la nouvelle direction d'un chemin vicinal, de les céder amiablement soit à titre de vente, soit à titre d'échange, l'expropriation en sera poursuivie devant les tribunaux, conformoment à la loi du 7 juillet 1833, rapportée dans cet ouvrage.

Modèles de procès-verbaux. **N° 1.**

Procès-verbal pour dépôts de fumier, matériaux, décombres, pierres, bois et autres objets, sur un chemin vicinal.

L'an   et le   du mois de   nous   maire de la commune de   passant sur le chemin qui conduit de   à   et étant arrivé au lieu appelé   avons remarqué qu'il avait été formé en cet endroit un dépôt de   qui nuit à la viabilité dudit chemin. Le sieur Jean N...... propriétaire agriculteur, habitant de cette commune, nous ayant été signalé comme en étant l'auteur, nous nous sommes transporté immédiatement à son domicile; là nous lui avons fait connaître l'objet de notre visite, et nous lui avons déclaré qu'il était en contravention aux lois et réglemens sur la voirie. Nous avons, en conséquence, dressé le présent procès-verbal, pour y être donné telle suite que de droit, pardevant le tribunal de simple police, avec injonction audit sieur Jean N...... de faire enlever le susdit dépot dans le délai de   sous peine d'y être contraint par toutes les voies de droit, et avons signé.

Le Maire : Signé **N.....**

Ce procès-verbal sera visé pour timbre, enregistré en *debet* et remis dans les trois jours, compris celui de sa rédaction, au commissaire de police, pour les cantons où il y en a, et pour les autres cantons, au Maire de la commune chef-lieu, ou à son défaut à l'adjoint. Ces fonctionnaires étant chargés du ministère public près le juge de paix, en matière de police, feront citer les prévenus et procéderont conformément aux articles 145 et suivans du code d'instruction criminelle.

Nota. La formule ci-dessus pourra servir pour toutes les autres contraventions spécifiées dans l'art. 34 de l'arrêté préfectoral du 4 janvier 1825, en faisant, dans sa rédaction, les changemens et modifications nécessaires, suivant la nature de la contravention.

N° 2.

Procès-verbal pour envahissemens, empiétemens et autres entreprises tendant à changer la largeur ou la direction d'un chemin vicinal, et dont la repression appartient au conseil de Préfecture.

L'an   et le   du mois de   nous   maire de la commune de   étant instruit par la rumeur publique qu'un empiétement a été commis par le sieur Pierre N....... propriétaire agriculteur habitant de cette commune, sur le chemin vicinal qui conduit de   à   au point appelé de   , nous sommes transporté sur les lieux, où étant arrivé, nous avons remarqué qu'en effet ledit sieur N..... s'est permis d'empiéter sur le chemin vicinal précité de *tant* de mètres sur une longueur d'environ *tant* de mètres. Attendu que cette entreprise nuit essentiellement à la viabilité dudit chemin et qu'elle constitue une contravention aux lois et réglemens sur la voirie, nous avons dressé le présent procès-verbal, pour y être donné telles suites que de droit, et avons signé.

Le Maire :

Signé N......

Nᶜ 5.

Modèle de la notification du procès-verbal ci dessus. (1)

L'an   et le   du mois de   nous N...... adjoint au maire de la commune de   nous sommes transporté au domicile du sieur Pierre N....., propriétaire agriculteur, habitant en cette commune au lieu de   auquel nous avons notifié le procès-verbal qui a été dressé le   du mois de   (courant ou dernier) par M. maire de ladite commune de   au sujet d'un empiétement commis par le sieur Pierre N.... sur le chemin vicinal conduisant de   à   . lui enjoignant, en même temps, de remettre les lieux dans leur état primitif et

---

(1) La notification doit être faite par l'adjoint du Maire.

tels qu'ils étaient avant son entreprise, lui déclarant que faute de ce faire dans le délai de huitaine il sera poursuivi par le conseil de Préfecture pour y être contraint par les voies de droit.

Et afin que ledit sieur Pierre N..... n'en ignore, nous lui avons laissé copie tant dudit procès verbal que du présent acte, en parlant à
(indiquer avec soin le nom de la personne qui recevra l'acte) et avons signé.

N° 4.

Procès-verbal pour constater que le délinquant n'a pas satisfait, dans le délai fixé, à l'injonction à lui faite par l'acte de notification du premier procès-verbal.

L'an   et le   du mois
de   nous N..... maire de la commune
de   nous sommes de nouveau transporté sur le chemin vicinal qui conduit de
à   au point de   à l'effet
de vérifier si le sieur Pierre N...... a conformément
à l'injonction qui lui en a été faite le
par M.   notre adjoint, rétabli les
lieux dans le même état où ils étaient avant l'empiétement que nous avons constaté par notre procès
verbal en date du   , avons reconnu
que ledit sieur Pierre N..... n'avait tenu aucun
compte de ce procès-verbal, ni de l'injonction qui
en a été la suite.

En conséquence, nous avons dressé le présent procès-verbal à   les jour, mois et an susdits et avons signé.

N.-B. Le procès-verbal de contravention N° 2, l'acte de notification N° 3 et le procès-verbal N° 4, devront être visés pour timbre et enregistrés en *debet* séparément, dans le délai de quatre jours.

ARRÊTÉ *préfectoral portant création d'inspecteurs voyers cantonnaux.*

Une institution favorable à l'entretien et à la création des chemins vicinaux, c'est l'établissement d'inspecteurs-voyers cantonnaux tels que vient d'en instituer M. le Préfet de la Dordogne.
Ces fonctions toutes gratuites, confiées à des hommes honorables et zélés pour le bien public ne peuvent produire que d'heureux résultats. Voici l'arrêté que M. le Préfet de la Dordogne a pris à cet égard :

Arrêté ,

Art. 1.er Il y aura dans chaque canton un inspecteur-voyer,

2. Ces inspecteurs seront chargés de la surveillance des chemins vicinaux, et devront adresser, des rapports trimestriels au Sous-Préfet de leur arrondissement, soit sur l'utile emploi des prestations, soit sur l'insuffisance des ressources locales pour l'achèvement des travaux entrepris.

3. Les secours ne seront dorénavant accordés aux communes pour entretien ou réparation des

chemins vicinaux, que sur la demande de l'inspecteur cantonal.

4. Chaque inspecteur dressera un projet de
grande communication, s'il lui paraît possible d'en
établir un dans son canton. Au cas où le chemin
dont il s'agit serait de nature à traverser plusieurs
cantons voisins, les inspecteurs de ces cantons se
réuniront pour établir un seul et même projet.

ARRÊTÉ *préfectoral portant que les chemins vicinaux seront divisés en deux catégories, et que les
communes limitrophes devront se concerter ensemble dans les travaux qu'elles se proposeront d'exécuter.*

Plusieurs Préfets frappés de l'aspect de confusion
et de disparate que présentent, sur plusieurs points,
Les chemins vicinaux, ont pris des mesures pour
faire cesser un état de choses aussi affligeant. Ils
ont senti que la cause principale de ce désordre
était dans la nature des dispositions adoptées généralement pour la réparation des chemins. Ils ont
remarqué, avec raison, que la plupart des communes
travaillaient à leurs chemins sans se concerter avec
les communes voisines, et que de ses efforts isolés
et sans suites naissait l'état de confusion qui affecte
si douloureusement les bons citoyens.

Ils ont compris aussi qu'en prenant des mesures
contre des inconvéniens aussi graves, il importait
également de faire une distinction parmi les chemins vicinaux, attendu que tous ne sont pas sus-

ceptibles d'acquérir le même degré d'importance. En effet la plupart ont pour but unique, tantôt d'entretenir le rapports existans entre les hameaux d'une même commune, ou les rapports de ces hameaux avec le chef-lieu de celle-ci, et tantôt de maintenir les relations formées entre les deux chefs lieux des communes limitrophes. Il est évident que ces chemins, d'un ordre secondaire, ne sauraient être mis en comparaison avec ceux qui doivent servir, par exemple, à faire communiquer deux chefs-lieux de canton en emble, ou l'un d'eux soit avec le chef-lieu de l'arrondissement, soit avec une route royale ou départementale, ou autres points importans.

Voici un arrêté préfectoral qui a été pris d'après les motifs expliqués ci-dessus :

Le Préfet de la Dordogne,

Arrête :

Article 1. Les chemins vicinaux du département de la Dordogne seront désormais divisés en deux catégories. Ceux de la première conserveront la désignation générique de *chemins communaux*, déterminée par la loi du 18 juillet 1824, et ceux de la seconde catégorie porteront le nom de *chemins de grande communication*.

Article 2 *Les chemins communaux* formant la première catégorie sont ceux qui communiquent de hameau à hameau, ou qui servent à l'un de ces hameaux pour communiquer avec le chef-lieu de la commune, ou enfin ceux nécessaires pour aller du chef-lieu d'une commune aux chefs-lieux des communes adjacentes.

Ces chemins ne pourront être réparés ni ouverts sur une largeur de plus de 6 mètres ni moindre de 4 mètres, non compris les fossés.

Article 3. A l'avenir, toute commune, avant d'entreprendre la réparation ou l'ouverture d'un *chemin communal*, sera obligée de se concerter avec les communes limitrophes sur le territoire desquelles les points extrèmes de ce chemin se trouveront susceptibles d'être utilement prolongés. Chacune fournira ses observations concernant la direction la plus avantageuse à suivre dans l'intérêt commun, de sorte à coordonner leurs travaux et à établir simultanément des ateliers sur la ligne jugée la plus favorable à la généralité des habitans de la contrée.

En cas de dissidence sur la direction ou la largeur à assigner au chemin, il sera siatué définitivement par le Préfet.

Article 4. Les chemins de la seconde catégorie, c'est-à-dire les *chemins de grande communication*, sont ceux ayant pour objet évident d'assurer entre deux chefs-lieux de canton les communications les plus avantageuses aux transports des produits de l'industrie agricole et commerciale, ou qui sont indispensables à l'effet de procurer à un chef-lieu de canton des relations faciles vers un chef-lieu d'arrondissement, ou lui donner les moyens d'aboutir soit à une route royale ou départementale, soit enfin à un port de rivière navigable. La largeur de ces routes ne pourra être inférieure à 7 mètres

(21 pieds (1) entre les fossés : cette largeur comprendra 5 mètres de chaussée d'empierrement et 2 mètres d'accotement.

Article 5. Pour arrêter le tracé des chemins de *grande communication*, il sera formé une commission d'enquête composée de tous les maires des communes situées sur la ligne. Cette commission remettra son rapport à l'inspecteur voyer cantonnal, qui l'adressera au Préfet avec son avis particulier. L'inspecteur voyer assistera aux séances de la commission.

Le Préfet fixera définitivement le tracé à adopter.

Article 6. Les *chemins de grande communication* étant des voies publiques, intermédiaires entre les routes départementales et les chemins purement *communaux*, le préfet réclamera annuellement du conseil général un crédit, pour aider à ouvrir et à réparer ces communications, en proportion des sacrifices qui seront faits dans le même objet par les conseils municipaux et les habitans des communes intéressées.

COMPÉTENCE

En matière de chemins vicinaux d'après M. de Cormenin. (2)

———————

Le réglement des compétences est ce qu'il y a

———

(1) Plusieurs personnes pensent qu'il serait préférable de ne donner à ces chemins qu'une largeur de dix-huit pieds. Il y aurait même utilité et plus d'économie.

(2) Voyez l'ouvrage de cet auteur, intitulé : Questions de droit administratif.

de plus difficile et de plus important dans cette matière. (1)

Voici les distinctions et les limites que la jurisprudence du conseil d'état a reconnues et fixées pour la compétence des maires, des Préfets, du ministre de l'intérieur, des conseils de Préfecture et des tribunaux.

Compétence des Maires.

Les Maires sont compétens :

1° Pour faire démolir, en exécution des mesures d'urgence prises par les Préfets, ou des arrêtés des conseils de Préfecture, aux frais des contrevenans, les barrières qui interceptent, ou les clotures qui retrécissent les chemins vicinaux ;

2° Pour ordonner, par mesure de police municipale, le comblement des fossés pratiqués sur la voie publique, sauf recours devant l'autorité supérieure.

Compétence des Préfets.

Les Préfets sont compétens :

1° Pour déclarer la vicinalité des chemins ; reconnaître leurs anciennes limites ; fixer, suivant les localités, leur classement, leur largeur, leur direction, leur alignement, leur abornement, la dimension de leurs levées ; proposer leur suppression pour cause d'inutilité, régler le mode d'entretien

____

(1) Les dates des lois, décrets et ordonnances sur lesquels cette jurisprudence est fondée sont indiquées dans les questions de droit administratif de M. de Cormenin.

et de réparation des chemins et ponts, et autres dépendances entre les communes intéressées, le tout sauf le recours au ministre de l'intérieur, et ensuite s'il y a lieu, au conseil d'état;

2° Pour ordonner le rétablissement provisoire des chemins vicinaux supprimés ou interceptés;

3° Pour vérifier ou déclarer si tel chemin, prétendu vicinal, est grande route, et vice versâ;

Pour déclarer qu'il y a nécessité d'établir un chemin vicinal sur tel ou tel point;

5° Pour autoriser les acquisitions, aliénations et échanges ayant pour objet les chemins communaux.

Le ministre de l'intérieur n'a de compétence en cette matière que pour recevoir l'appel des arrêtés des Préfets, qui ont fixé la largeur et le classement des chemins, déclaré leur vicinalité, tracé leur direction, ordonné leur établissement ou suppression etc., sauf le recours, s'il y a lieu, au conseil d'état.

Compétence des conseils de Préfecture.

Les conseils de Préfecture sont compétens :

1° Pour statuer sur les anticipations ou empiétemens pratiqués sur les chemins vicinaux par les propriétaires riverains.

2° Pour ordonner, comme tribunal de voirie, la destruction de l'œuvre nouvelle, qui intercepte le passage, et le rétablissement des lieux,

Mais seulement lorsque les Préfets ont préalablement recherché les anciennes limites, déclaré la vicinalité et fixé la largeur desdits chemins;

3° Pour ordonner d'arracher les arbres dont la

plantation tendrait à changer la largeur ou la direction fixée par le Préfet, pour les chemins vicinaux,

4° Pour déclarer si un contrat de vente nationale comprend un chemin vicinal, litigieux entre
deux acquéreurs ou entre un acquéreur et une
commune,

Ou un sentier, sans préjudice du droit laissé à
la commune d'en provoquer l'ouverture, sauf indemnité envers qui de droit,

Ou si l'acte d'adjudication affranchit ou grève
spécialement l'acquéreur, d'une servitude de passage.

Compétence du conseil d'état.

Le conseil d'état est compétent pour statuer par
voie contentieuse:

1° Sur les décisions du ministre de l'intérieur,
confirmatives des arrêtes des Préfets, qui ont lésé
les intérêts des communes et des particuliers, ou
qui ont statué incompétemment sur des questions qui
appartiennent, soit aux conseils de Préfecture, soit
aux tribunaux;

2° Sur les arrêtés de conseils de Préfecture, attaqués par les parties, soit au fond, soit pour excès
de pouvoir;

3° Sur les mêmes arrêtés attaqués par le ministre
de l'intérieur, dans l'intérêt de la loi;

4° Sur les demandes formées par les communes
ou par les particuliers, en maintenue provisoire
des chemins dont la propriété est contestée, jusqu'au jugement définitif.

Compétence des tribunaux de simple police.

Les tribunaux de simple police sont compétens pour réformer les contraventions commises sur les chemins vicinaux, autres que les anticipations et empiétemens, et tels que les dépôts de matériaux et d'immondices, etc ;

Ou ordonner le comblement des fossés pour cause de sûreté publique,

Les tribunaux de police correctionnelle sont compétens pour réprimer les délits de détérioration.

Compétence des Tribunaux Civils.

Les tribunaux civils sont compétens pour prononcer :

Sur la propriété de tout ou partie du sol sur lequel le chemin est établi, soit qu'il y ait eu ou qu'il n'y ait pas encore eu inscription de ce chemin au tableau des chemins vicinaux ;

Sur la possession annale d'un chemin non inscrit au tableau ;

Sur le provisoire de jouissance d'un chemin litigieux entre deux particuliers, et non réclamé par la commune, soit comme partie principale, soit comme partie intervenante.

Sur les dommages intérêts résultant de l'exécution d'un arrêté du conseil de Préfecture, qui aurait incompétemment déclaré public un chemin non inscrit ou reconnu ;

Sur les contestations élevées à l'égard des simples sentiers ou chemins d'aisance, de vidange, d'exploitation, soit au pétitoire, soit au possessoire ;

Sur les questions de servitudes élevées par les riverains d'un ancien chemin abandonné en remplacement d'un nouveau chemin,

Sur la propriété des passages dans les villes ;

Sur les chemins réclamés, à titre, non de vicinalité, mais de servitude conventionnelle de passage à travers les propriétés privées,

Ou de servitude légale, pour l'exploitation des fonds enclavés,

Sur l'existence, le mode et l'exercice des servitudes de même nature, comprises dans la clause banale d'un acte de vente nationale portant réserve des servitudes actives et passives ;

Sur les difficultés relatives aux charges particulières et de réparation d'un chemin public, dont la servitude a été imposée à un acquéreur national, par son contrat,

Sur le réglement de l'indemnité due aux propriétaires évincés, même avant l'expropriation, s'il s'agit de l'établissement d'un nouveau chemin sur un terrain non contesté par la commune ;

Sur le paiement des sables, pierres et autres matériaux extraits de terrains particuliers, et employés à la confection ou réparation des chemins vicinaux ;

Et généralement sur la valeur et quotité de l'indemnité, en cas de contestation, et après jugement définitif sur la propriété même de tout ou partie du terrain litigieux, lorsqu'il s'agit d'un chemin existant, inscrit ou non inscrit au tableau des chemins vicinaux.

RÉSUMÉ.

En dernière analyse, et pour résumer ces différentes régles, le conseil d'état, dans la rétribution des compétences, assigne, d'après les lois et la jurisprudence de ses arrêts :

Aux Préfets, la reconnaissance des anciennes limites, la fixation de la largeur, la classification, la direction et le rétablissement provisoire des chemins vicinaux ;

Au Ministre de l'intérieur, le droit de réformer les arrêtés des Préfets, et de provoquer devant le conseil d'état, dans l'intérêt de la loi, l'annullation des arrêtés des conseils de Préfecture ;

Aux conseils de Préfecture, le droit de statuer sur les anticipations des propriétaires riverains, commises sur un chemin précédemment inscrit au tableau, ou reconnu vicinal, par arrêté du Préfet, après recherche de ses anciennes limites, pendant l'instance ;

Aux tribenaux de police simple et correctionnelle, la repression des contraventions et délits, dans les cas prévus par les lois pénales ;

Aux tribunaux civils, le droit de prononcer généralement sur toutes les questions de propriété, de servitude et d'indemnité.

JURISPRUDENCE

Du conseil d'état, des cours et des tribunaux.

Les mots *chemin public* et *voie publique* n'ont pas une même signification dans les lois de police qui en défendent la dégradation.

Chemin public s'entend plus particulièrement des chemins allant de ville en ville, ou de village en village.

Voie publique s'entend plus particulièrement des rues, places et carrefours des villes et villages.

Les dégradations commises sur les chemins publics ainsi entendus sont de la compétence du tribunal correctionnel.

Et la dégradation des voies publiques est du ressort du tribunal de simple police. Sirey 9 — 1,424. — D. 7. 2. 159.

(*Anticipation.*) Les tribunaux et non l'autorité administrative sont compétens pour connaître d'une contestation relative à la propriété d'une portion de la largeur d'un chemin public à laquelle prétendrait un particulier, et qui lui serait contestée par une commune. Quant à la possession, si elle n'est point contestée aux habitans, elle doit leur être conservée provisoirement, jusqu'à ce qu'il ait été statué sur le fonds. Sirey. 17. — 2 — 104.

(*Autorité Administrative.*) Lorsque l'autorité administrative a décidé qu'un chemin est public, mais inutile, et qu'en conséquence elle a autorisé le propriétaire sur la terre de qui ce chemin est établi à le supprimer, l'autorité judiciaire ne peut examiner si l'un des voisins est fondé à réclamer l'usage de ce chemin, à titre de reintégrande, par voie d'action possessoire. S. 16. 2. 400.—V. 10.

(*Chemin communal.*) L'expression chemins publics, employée dans l'article 383 du code pénal, comprend les chemins entretenus aux dépens des communes, comme ceux entretenus aux dépens du trésor public. S. 17. 2. 11.

(*Dégradation.*) Le fait de dégradation et détérioration d'un chemin public, en en labourant une partie, est un délit de la compétence de la police correctionnelle. S. 17. 1. 88.—V. 9. 11.

Bis. — Le fait de dégradation et détérioration d'un chemin public, en en labourant une partie est un délit de compétence de la police correctionnelle. S. 20. 1. 472.

(*Largeur.*) Lorsqu'il y a litige sur la largeur d'un chemin ou sentier servant aux communications rurales, la connaissance du litige est dévolue à l'autorité administrative, sans qu'il y ait lieu à examiner si le chemin ou sentier à ce caractère de chemin public ou s'il a le caractère de servitude privée S. 16. 2. 299.

(*Plantations.*) Les dispositions de la loi du 9 ventôse an 13, et le décret du 16 décembre 1811, qui obligent les propriétaires riverains des grandes routes à faire des plantations d'arbres, en dedans des fossés, et sur le terrain de la route à peine d'être obligés à payer la plantation que l'administration fera faire, à leur défaut, ne sont-elles pas créatrices d'une servitude onéreuse? Cette servitude n'autorise t'elle pas la demande d'une indemnité. S. 20. 2119.

(*Propriété.*) L'autorité administrative n'est pas compétente pour prononcer sur une contestation élevée par un particulier sur la jouissance d'un chemin supprimé par le propriétaire du fonds sur lequel il existait, lorsque, ce chemin prétendu public n'est réclamé ni par le domaine, ni par la commune. 14 mai 1808. — Déc. — S. — 16. 2. 346.

(*Usurpation.*) L'usurpation d'un chemin public est un délit correctionnel qui ne peut être confondu avec la dégradation de la voie publique, délit de simple police. S. — 10. 1. 263.

(*Voie publique.*) Lorsqu'il s'agit de décider si un chemin litigieux est un chemin vicinal et public ou une voie privée, cette décision, relative à la nature du chemin, est réservée à l'autorité administrative. 30 septembre et 7 octobre 1807. — Décret. S. — 16. 2. 296.

(*Voie publique.*) L'article 605 du code des délits et des peines du 3 brumaire an 4, qui déclare justiciables des tribunaux de police ceux qui embarrassent ou dégradent la voie publique, ne s'applique pas en matière de chemins qui ne servent qu'à l'exploitation des terres ; en ce cas, il n'y a lieu qu'à une action purement civile. S. — 7. 2. 825.

Tout chemin qui n'est pas mis à la charge de l'état par l'article 538 du code civil, est réputé chemin vicinal, que les communes doivent entretenir, et qu'elles ont le droit de défendre pardevant les tribunaux contre toute usurpation tendant à les en dépouiller.

Les particuliers peuvent également réclamer par les voies judiciaires, à raison d'un chemin vicinal pour en user et profiter, si l'usage de ce chemin leur est nécessaire pour aller sur leurs propriétés, ou pour toutes autres communications. — S. — 6. 2. 44. — L. — 14. 41.

Lorsqu'un chemin n'a pas été rangé par le Préfet dans la classe des chemins vicinaux, et qu'il s'agit de savoir s'il appartient au propriétaire dont il traverse les propriétés, la question est purement judiciaire; elle ne regarde aucunement le conseil de Préfecture.

Lorsqu'un chemin qui traverse les propriétés d'un particulier n'a pas actuellement le caractère de chemin vicinal, le Maire de la commune peut se pourvoir devant le Préfet pour demander que ce chemin soit classé parmi les chemins vicinaux, et qu'il soit statué sur son emplacement, sa largeur et sa direction, sauf une juste et préalable indemnité envers qui de droit. Ordonnance. S. 18. 2. 308.

(*Anticipation.*) Les tribunaux ordinaires ne sont pas compétens pour déterminer la largeur d'un chemin vicinal, pour décider s'il y a eu, ou non, anticipation sur cette voie. Le droit de reconnaître les anciennes limites des chemins vicinaux, et de fixer leur largeur, est dans les attributions de l'autorité administrative. S. 16. 2. 398.

Bien que l'autorité administrative soit compétente pour connaître des anciennes limites des chemins vicinaux, néanmoins aux tribunaux seuls appartient le droit de réprimer les anticipations qui ont lieu sur ces chemins.

En ce cas, n'y aurait-il pas lieu à indemnité.
Décret. — S. 16. 2. 290.

C'est à l'autorité administrative, et non aux tribunaux, qu'appartient le droit de constater s'il y a eu ou non anticipation sur un chemin vicinal. — 3 septembre 1808. – Décret. S. 17. 2. 21. — V. 16. 24.

(*Arbres.*) L'article 7 du décret du 9 ventôse an 13, qui défend aux propriétaires riverains des chemins vicinaux, de planter sur leur propre terrain, dans les endroits qui bordent un chemin vicinal, dont la largeur n'est pas d'environ six mètres (sans doute dans l'idée qu'un jour le chemin vicinal sera élargi au moyen du terrain riverain), n'impose-t-il pas en cela au propriétaire une servitude dommageable n'y a t'il pas lieu à indemnité, aux termes de l'article 10 de la charte? cette question d'indemnité pour servitude, ne doit-elle pas être soumise aux tribunaux? S. 20. 2. 120.

Lorsqu'un particulier et une commune sont en contestation au sujet d'un chemin et des arbres qui le bordent, la commune réclamant le tout à titre de chemin vicinal, et la partie fondant sa réclamation, au contraire, sur ce que le tout est une propriété privée, la contestation doit être renvoyée devant les tribunaux, et ne doit pas être jugée par le conseil de Préfecture, si° le chemin en litige n'a pas été compris par le Préfet dans l'état des chemins vicinaux.

Quid, si le chemin en litige avait été compris par le Préfet dans l'état des chemins vicinaux, cette inscription administrative porterait-elle atteinte à la propriété privée? dessaisirait-elle la juridiction des tribunaux, ferait-elle autre chose qu'autoriser le passage provisoire des communes voisines, à titre de mesure de voirie ?

Dans tous les cas; les arbres plantés sur les bords d'un chemin vicinal sont-ils, à cause de cette vicinalité réputés propriété de la commune et non appartenir au propriétaire du terrain sur lequel ils sont plantés ? Ordonnance. S.19.2.245.

(*Autorité administrative.*) Un chemin vicinal ne peut être rétréci par le riverain sans autorisation administrative, alors même que de fait, il y aurait lieu à retrécissement ou suppression. — En d'autres termes, le fait du riverain qui a rétréci un chemin vicinal doit être jugé par les tribunaux de police sans qu'il y ait de question préjudicielle à soumettre au conseil de Préfecture. — Cass. — S. 8. 1. 323.

C'est aux Préfets à déterminer si un chemin est vicinal, et quelle doit être sa largeur. — Et c'est aux tribunaux à décider à qui appartient le terrain nécessaire au chemin, et à préjuger ainsi la question d'indemnité : les conseils de Préfecture n'ont point à statuer sur cet objet. Décret. — S. 14. 2. 331.

Idem. — 8 novembre 1813. — Avis du conseil d'état. — S. 14. 2. 213.

Idem. — 16 octobre 1813. — Décret. — S. 14. 2. 331.

Lorsqu'un arrêté du Préfet a ordonné le changement de direction d'un chemin vicinal et son passage sur un nouveau territoire, le particulier, lésé par cet arrêté, doit s'adresser au ministre de l'intérieur, s'il se plaint de la direction donnée au chemin; et à l'autorité judiciaire, s'il se plaint que la nouvelle direction, bien que sage en administration, porte cependant atteinte à sa propriété du terrain que le nouveau chemin doit parcourir. 6 janvier 1814. — Décret. — S. 14. 2. 337.

Lorsqu'un Préfet a autorisé un particulier à supprimer un chemin vicinal, à la charge de le remplacer par un autre de même largeur, sur ses terres, les tribunaux ne sont pas compétens pour juger si ce particulier à rempli les conditions de la concession qui lui a été faite. — 15 octobre. 1807. — Cass. — S. 20. 1. 472. v. 3. 4. 5. 11. et suiv. 19. 22.

(*Compétence.*) Il n'appartient qu'aux tribunaux de connaître d'une contestation ayant pour objet la question de savoir si un terrain litigieux est chemin vicinal, ou propriété privée.

7 février. 1809. — Décret. — S. 17. 2. 110.

Encore que les contestations relatives à la police et à la délimitation des chemins vicinaux, soient dévolues à l'autorité administrative, l'autorité judiciaire est seule compétente pour connaître des contestations qui s'élèvent entre les communes et les particuliers relativement à la propriété de ces chemins. alors même que la possession actuelle est en faveur de la commune. 23 février 1809. — C. C. — rejet. — Paris. S. 11. 1. 283.

De ce qu'aux termes de la loi du 9 ventôse an 13, à l'autorité administrative est attribué le droit de fixer la largeur des chemins vicinaux, il ne s'ensuit pas que cette autorité soit compétente pour connaître d'une contestation sur la vicinalité d'un chemin, ce droit appartient exclusivement aux tribunaux.

Un particulier n'a pas le droit de supprimer un

chemin sur le motif qu'il aurait été établi sur sa propriété et qu'il n'aurait subsisté que par tolérance, lorsqu'il est constaté que les habitans étaient depuis long-temps en possession de l'usage de ce chemin. Il faut préalablement qu'il soit statué sur le litige. Autrement le maire comme officier de police judiciaire peut en ordonner le rétablissement, et par la même raison, l'autorité administrative à ce droit. 4 juin 1809. — Décret. — S. 17. 2. 105.

En matière de chemins vicinaux à créer ou élargir, c'est au Préfet ou à l'action administrative de reconnaitre la largeur du chemin, ou l'utilité de l'élargissement, et c'est aux tribunaux ordinaires de prononcer sur toute question de propriété ou d'indemnité.

Les indemnités réclamées par les propriétaires pour entreprises ou dommages sur leurs terrains, par un fait administratif, sont réglées par les tribunaux ordinaires, quand ce sont des communes qui en sont passibles (comme pour chemin vicinal) En est-il de même, lorsque c'est l'administration publique qui est passible de l'indemnité. 14 juillet 1819. Ordon. S. 20. 2. 152.

Les conseils de Préfecture ne sont, aux termes de la loi du 9 ventôse an 13, compétens pour statuer en matière de contravention sur la largeur des chemins vicinaux, qu'autant que les Préfets ont préalablement recherché, reconnu et vérifié la largeur desdits chemins (sans doute aussi, qu'autant que l'opération Préfectorale n'a pas éprouvé une juste contradiction, de la part du propriétaire riverain) 23 juin 1819. Ord. S. 20. 2. 237. V. 3. 4. 5. 8 et suiv.

(*Délits.*) En matière de petite voirie, la compétence attribuée à l'autorité administrative par la loi du 9 ventôse an 13, ne concerne que la délimitation des chemins vicinaux et la surveillance des plantations qui ont lieu. Mais aux tribunaux seuls appartient la répression des délits commis sur ces chemins ou sur leurs bords, tels que les fouilles et déplacement des terres qui pourraient gêner la circulation. 15 janvier 1809. Décret. S. 17. 2. 99.

(*Délit rural.*) L'anticipation sur un chemin vicinal est qualifié de délit rural. Les poursuites résultantes de ce délit doivent être faites dans le délai d'un mois à peine de prescription ou de déchéance de l'action correctionnelle; mais la partie lésée a toujours la faculté de réclamer par action civile la restitution du terrain prétendu usurpé sur le chemin. 25 août 1809. Cass. S. 17. 1. 346.

(*Déplacement.*) Les particuliers sur le terrain de qui sont établis des chemins vicinaux, ne peuvent les déplacer de leur autorité privée, peu importerait d'en justifier le déplacement par des raisons d'utilité publique. Le conseil de Préfecture chargé de dire droit et non de commander ou autoriser ce qui est utile, doit ordonner le rétablissement de l'ancien chemin. 14 novembre 1807. et 11 janvier 1808. décret. S. 16. 2. 301.

(Prescription) V. 17. 23.

(*Propriété.*) Bien que les Préfets soient chargés

H.

de déterminer la largeur ou de fixer les limites d'un chemin vicinal, ils ne peuvent décider qu'un chemin vicinal, doive être rétabli sur les terrains de tel particulier qui nie l'ancienne existence du chemin vicinal. C'est là une question de propriété essentiellement du ressort de l'autorité judiciaire. 25 mars 1807. Décret. S. 14. 2. 454.

Le propriétaire riverain d'un chemin vicinal aux dépens de qui le chemin a été élargi, peut assigner la commune devant les tribunaux : 1° pour voir dire que le terrain dont on a élargi le chemin, était sa propriété; 2° qu'il lui est dû une indemnité aux termes de la loi du 8 mars 1810, comme au cas d'expropriation pour utilité publique. La justice administrative revendiquerait vainement la connaissance de l'une ou de l'autre de ces deux branches de la contestation. 3 juin 1818. Ordon. S. 18. 2. 369.

Une contestation élevée entre deux particuliers qui présentent la question de savoir si un chemin est vicinal, ou propriété privée, doit être déférée à la justice administrative si le chemin litigieux n'a pas été compris par le Préfet dans l'état des chemins vicinaux. 24 décembre. 1818. ordon. S. 20. 2. 175.

22. (*Réparations.*) Les contestations auxquelles peut donner lieu la réparation des chemins vicinaux sont exclusivement attribuées à l'autorité administrative. C'est donc devant cette autorité et non devant les tribunaux que doit être portée l'action intentée par un particulier qui prétendrait que ces réparations lui ont causé des dommages sur sa

propriété. 30 janvier 1809. décret. S. 17. 2. 102.

(*Revendication*.) La prescription de 5 ans établie par l'article 9 de la loi du 28 août 1792, contre les communes qui revendiquent les terres vaines et vagues dont elles ont été dépouillées par les anciens seigneurs, ne s'applique point au cas ou la revendication a pour objet un chemin vicinal. 5 mars 1818. C. C. rejet. Colmar. S. 19. 1. 201. D. 17. 1. 102.

Les conseils de Préfecture ne doivent connaître des dégradations et empiétemens sur des chemins vicinaux qu'autant que les chemins dont il s'agit sont reconnus vicinaux par la partie ou déclarés tels par le classement de l'administration. — S'il y a litige sur la vicinalité, c'est-là une question de propriété dévolue aux tribunaux ordinaires. En tout état de cause, s'il y a nécessité qu'un chemin soit déclaré vicinal, il doit y avoir pourvoi administratif devant le Préfet, pour demander que le chemin dont il s'agit soit mis au rang des chemins vicinaux ; et qu'il soit statué sur sa classification, largeur et direction, sauf une juste et préalable indemnité. — 17 juin 1818. — Ordonn. — S. 18. 2. 321. — V. 3 et suiv.

(*Action privée*.) Le propriétaire riverain d'un chemin n'a pas action pour s'opposer à des clôtures faites sur le chemin par un autre riverain, lorsqu'elles ne le privent pas entièrement des issues qu'il avait auparavant par ce chemin sur la voie publique, et que d'ailleurs la commune a refusé d'intervenir. — 24 décembre 1825. — Caen. — S. 26. 2. 235. — D. 24. 2. 148.

Lorsqu'un particulier, pour se maintenir l'exercicice d'un droit de passage, sur un chemin, est obligé de soutenir que ce chemin est public ou communal s'il a recours au maire de la commune pour qu'il intervienne aux fins d'établir le droit et la propriété de la commune, et si le conseil de Préfecture, tout en déclarant que le chemin est réellement public refuse cependant au maire la faculté d'intervenir au procès, en ce cas, le particulier peut exciper du droit de la commune, ou plutôt de la qualité du chemin en tant que chemin public. 22 mai 1826. — Bourges. — S. 27. 2. 70. — D. 25. 2. 50.

Il suffit qu'un chemin soit reconnu destiné à l'usage des habitans d'une commune, pour qu'il ait le caractère de chemin public ou communal, encore même qu'il ne soit pas inscrit au tableau des chemins vicinaux ; dès-lors, l'action, pour en réclamer l'usage, ne peut-être exercée par quelques-uns des habitans de cette commune, *jure singulari* ; elle n'appartient qu'aux officiers municipaux de la commune, duement autorisées : peu importe que le chemin soit qualifié sente de voisine. 23 février 1825. C. C. rejet. Rouen. S. 25. 1. 356. D. 23. 1. 114. L. 72. 48.

S'il est douteux qu'un particulier puisse réclamer par voie d'action, dans son intérêt privé, la jouissance d'un chemin public, et se servir à cet égard des titres de la commune, au moins est-il certain que ce particulier, troublé par un tiers dans l'usage du chemin, peut, en se défendant, et par voie d'exception, argumenter des droits de la commune et de la publicité du chemin. (L. du 29 vend. an 5.) 16 mars 1826. Colmar. S. 29. 2. 270. D. 27. 2. 87.

(*Anticipation.*) Il ne suffit pas qu'un chemin ait caractère de chemin public, pour que la répression d'une anticipation sur ce chemin doive être reservée à l'administration : si le chemin n'appartient pas à la grande voirie, quoique ce soit un chemin public, la répression de l'anticipation doit être soumise aux tribunaux, (L. du 6 octobre 1791, tit. 2, art. 40. L. du 29 flor. an 10, art. 1.er, L. du 9 vent. an 13, art. 6. 7 et 8.)

7 avril 1827. C. C. rejet. Alençon. S. 29. 1. 36. D. 25. 1. 399.

(*Dégradation.*) Les tribunaux de police sont incompétens pour connaître des délits de dégradation, détérioration ou usurpation de chemins publics : ces délits sont de la compétence des tribunaux correctionnels. Il n'en est pas comme du simple embarras de la voie publique. (L. du 28 septembre. 6 octodre 1791, tit. 2. art. 40 ; C. 1. C. 137.) 2 août 1828. Cassation. Lagny. S. 38. 1. 417. D. 26. 1. 368. Idem. S. 22. 1. 277. D. 20. 1. 250.

Les dégradations ou détériorations des chemins publics, et l'usurpation sur leur largeur, sont de la compétence des tribunaux correctionnels ; mais les tribunaux de police sont seuls investis de la connaissance des embarras ou dégradations sur la voie publique ; sauf toutefois la concurrence des autorités administratives, dans le cas ou les rues, places, ou voies publiques seraient la continuation ou le prolongement des grandes routes. 15 février 1828. Cass. S. 28. 1. 270. D. 26. 1. 135. L. 82. 354.

(*Prescription.*) Un chemin privé dans l'origine, peut devenir public par prescription. — Ici, ne s'applique pas l'art 691 du code civil d'après lequel les servitudes discontinues ne peuvent s'acquérir sans titre. — 30 janvier 1826. Bourges. S. 27. 2. 62. D. 25. 2. 52. 8. 9.

(*Terrain vague.*) Un terrain vague qui a fait long-temps partie d'un chemin public, par suite d'anticipation, est néanmoins susceptible d'être acquis par prescription s'il n'a pas cessé d'être considéré comme terrain vague et servant au pâturage. (C. C. 2266.) 25 février 1828. Donai. S. 28. 2. 181. L. 80. 533.

(*Voie publique.*) Les chemins publics et les voies publiques sont deux choses différentes dans le sens des lois qui punissent les entreprises qui y sont commises : Par voie publique on doit entendre les rues, places et carrefours des villes et villages; les chemins publics s'entendent des communications qui conduisent de villes en villes ou qui servent, hors l'enceinte des communes, à l'exploitation des propriétés rurales. (L. du 6. octobre 1791, tit. 2, art. 40; cod. du 3 brumaire, an 4, art. 605; C. pén. 71, N.° 4.) Cass. S. 28. 1. 270. D. 26. 1. 135. L. 82. 354.

(*Action privée.*) Tout particulier dont la propriété (riveraine d'un chemin vicinal) est mise en souffrance par le fait individuel d'une entreprise sur le chemin vicinal, peut réclamer en justice contre l'auteur du dommage. Vainement on opposerait qu'un chemin vicinal étant une propriété commune ou publique, l'action conservatrice n'appartient qu'à l'administrateur légal de cette propriété commune : ce que le riverain lésé réclame n'est pas précisément une chose vicinale ou commune, il réclame la dépendance acquise de sa propriété privée.

Ambert. 25 mars 1829. Nîmes. S. 29. 2. 142. D. 27. 2. 265.

Tout propriétaire voisin a le droit de réclamer contre un autre voisin l'usage d'un chemin communal, du moins au cas de nécessité. 30 mars 1824. Agen. S. 25. 2. 1.

(*Alignement.*) Lorsqu'un Maire, d'accord avec le Préfet, a compris, dans son alignement d'un chemin vicinal, une portion de terrain qui est la propriété du voisin, cet acte administratif n'empêche point que la question de propriété ne soit jugée par un tribunal. Mais le tribunal ne doit pas aller au-delà, il ne doit pas ordonner que l'alignement administratif restera sans effet, et que le propriétaire pourra faire une clôture, en reprenant son terrain. (L. du 9 vent.. an 13.)

Un tel alignement administratif, envahissant le terrain d'autrui, doit-il conserver son effet? ne doit-il pas être dénoncé au ministre, pour qu'il fasse réduire le chemin à sa largeur légale et usuelle? est-il permis de maintenir cet acte discrétionnaire du Préfet, par la présomption d'un avantage communal non constaté? Peut on donner à cet arrêté de Préfet, l'effet d'une ordonnance royale, nécessitant une expropriation pour utilité publique, même sans indemnité préalable? (Objection.) C. C. 545; L. du 8 Mars 1810.

8 mai 1832. Arr. du cons S. 23. 2. 198.

(*Anticipation.*) L'art. 8 de la loi du 9 ventôse an

13, n'attribue point à la juridiction administrative la répression de toutes dégradations ou détériorations des chemins vicinaux, ou de toute usurpation sur leur largeur.

Cet art. 8 n'est relatif qu'à un cas spécial, et hors ce cas, revient la règle générale posée par l'art. 49, tit. 2 de la loi du 6 octobre 1791, qui attribue ces sortes de contestations aux tribunaux ordinaires.

A cet égard, les cours royales n'ont point à se guider par les décisions contraires du conseil d'état. 25 mars 1829. S. 29. 2. 142. D. 27. 2. 265. V. 13. 16.

(*Arbres.*) La question de savoir à qui, du propriétaire limitrophe ou de la commune, il appartient de planter d'arbres les bords d'un chemin vicinal, est dévolue à la connaissance des conseils de Préfecture ; du moins lorque la propriété du chemin n'est pas contestée par le riverain. (L. du 9 vent. an 13. 19 mars 1820. Arr. du cons. S. 21. 2. 57.

(*Chose jugée*) Un arrêté du conseil de Préfecture, en statuant sur des contraventions de voirie relatives à un chemin vicinal, ne préjuge rien ni sur la largeur que doit avoir le chemin, ni sur la question de propriété; la largeur du chemin reste soumise à la décision du Préfet, et la question de propriété aux tribunaux. 19 février 1823. Arr. du Conseil. S. 24. 2. 111.

Un arrêté du Préfet considérant un fond litigieux entre un particulier et une commune comme dépendance d'un chemin vicinal, et ordonnant, par suite, qu'il sera compris à l'avenir dans ce chemin, n'est qu'une mesure de l'administration active ; il ne préjuge rien sur la question de propriété, en conséquence, l'autorité judiciaire, saisie de cette question par le particulier, ne peut se dispenser de la décider sous prétexte qu'elle a été déjà jugée par l'autorité administrative, ni renvoyer les parties d'une manière absolue à cette autorité. 30 mars 1829. Cass. Metz. S. 29. 1. 192. D. 27. 1. 203. L. 85. 10. V. 24.

(*Compétence.*) Il appartient aux Préfets de statuer sur la largeur, la direction et l'abornement des chemins vicinaux.

11 février. 1821. Arr. du Conseil. S. 22. 2. 216.

C'est au Préfet et non au conseil municipal, ni au conseil de Préfecture, de prendre des arrêtés sur la largeur que doit avoir un chemin vicinal, et sur la convenance d'y combiner des ouvrages utiles à la culture de propriétés particulières. 24 mars 1820. Arr. du Cons. S. 21. 2. 55.

C'est aux Préfets et non aux conseils de Préfecture à reconnaître la qualité d'un chemin, à décider qu'il est ou n'est pas vicinal. (L. du 9 vent. an 13, art. 6. 24 mars 1820. Arr. du Cons. S. 21. 2. 55.

Un Préfet n'excède pas ses pouvoirs, quand il décide qu'un chemin, compris au tableau des chemins publics, est vicinal, et qu'on peut en user à titre de vicinalité. Jusques-là il n'y a que décision de voirie. 19 mars 1820. arr. du Cons. S. 21. 2. 53.

Lorsqu'il s'agit de faire déterminer par l'administration la largeur d'un chemin vicinal, c'est devant le Préfet et non devant le conseil de Préfecture que l'affaire doit être portée. (L. du 22 vent. an 3.) 19 février 1833. Arr. du Conseil. S. 24. 2. 111.

En matière de chemins vicinaux, les conseils de Préfecture ont attribution pour statuer sur les anticipations et empiétemens, mais non pour statuer sur la violation des règles de voirie. (Loi du 29 floréal an 10; C. pen. 471 N.º 5.) 1er mars 1826. Arr. du Cons. S. 26. 3. 351. D. 25. 3. 32. 8. 4. 16.

Un conseil de Préfecture est compétent pour condamner un propriétaire riverain d'un chemin vicinal, à combler des fossés dont la levée s'étend sur le sol d'un chemin départemental. (L. L. des 6 octobre 1793 et 9 vent. an 13. Décr. du 16 déc. 1811.) 16 1826. Arr. du Cons. S. 26 2. 342.

Il n'appartient pas au Préfet d'ordonner, même par provision, l'enlèvement des barrières opposées sur un chemin vicinal, lorsque la vicinalité du chemin n'a pas été précédemment constatée par lui. En un tel cas, la contestation doit être soumise aux tribunaux. Mais, dès que le Préfet a déclaré la vicinalité, il peut ordonner l'ouverture du chemin, et cet ordonnance de police ou de voirie est exécutoire nonobstant appel au ministère de l'intérieur. 1er mars 1826. Arr. du Cons. S. 26. 2. 351. D. 25. 3 32.

(*Interception.*) Le fait de suppression ou interception d'un chemin vicinal, de la part d'un particulier, doit être réprimé en conseil de Préfecture, comme délit de grande voirie ; encore que le chemin ne fut pas sur la liste des chemins vicinaux avant les travaux du voisin. (L. L. des 6 oct. 1793 et 9 vent. an 13.) *Armfield.* 2 février 1825. Arr. du cons. S. 26. 2. 340. D. 24. 3. 19. (Nécessité) V. 2.

(*Possessoire.*) Un arrêté du Préfet qui reconnaît et déclare la vicinalité d'un chemin, a pour effet de mettre le public immédiatement en jouissance du chemin, et de résoudre tous les droits du propriétaire du sol en un seul droit a indemnité. L'autorité judiciaire ne peut, sans porter atteinte à l'arrêté administratif, déclarant la vicinalité, maintenir le propriétaire dans la jouissance ou possession du chemin ; peu importe que, lors de l'arrêté il existât déjà devant les tribunaux un procès pour usurpation du chemin en question. 7 juin 1825. Arr. du Cons. S. 27. 2. 269.

Est-il vrai qu'un arrêté de Préfet déclarant la vicinalité d'un chemin, fasse obstacle à ce qu'un arrêt de cour royale maintienne le propriétaire riverain en possession et jouissance, surtout alors qu'il y a procès criminel pour usurpation ? N'est-il pas nécessaire de laisser aux cours royales toute faculté de prononcer sur le possessoire des chemins prétendus vicinaux, quand au fond du droit civil ? Ne suffit-il pas aux intérêts administratifs de preserver d'atteinte les ordonnances de voirie pour passage provisoire. S. 27. 2. 269.

L'orsqu'un propriétaire, se plaignant d'usurpation de son terrain, en état de chemin privé, intente une action correctionnelle, et que l'exception de non propriété lui étant opposée, il y a renvoi pour

le jugement de la question préjudicielle, ce propriétaire a le choix de procéder au pétitoire, par
voie de revendication, ou au possessoire par voie
de complainte, et s'il procède par voie de complainte, l'administration prendrait vainement un
arrêté déclarant la vicinalité du chemin litigieux,
tendant à entraver la complainte. Vainement on
soutiendrait que la déclaration de vicinalité préjuge
administrativement la viabilité publique, au passé
et à l'avenir, au moins provisoirement, et que l'autorité judiciaire n'a plus à juger la question de possession annale. La déclaration de vicinalité est un
fait d'administration qui ne change rien au droit
privé ; qui laisse intact tout droit à l'indemnité
préalable et au bénéfice de la possession annale.
(restant toute fois la pleine efficacité de la mesure
administrative ou de voirie.) (Loi du 9 vent. ad 13,
art. 6 et 8.) 8 juillet 1829. C. C. rejet. S. 29. 1.
356. D. 27. 1. 295. L. 84. 589. V. 24.

(*Prescription.*) Un chemin vicinal, non porté sur
le tableau des chemins vicinaux dressé par l'administration, est soumis à la prescription, lorsqu'il a
cessé de servir à l'usage auquel il avait été origi-
nairement destiné ; encore que rien ne prouve que
la suppression ait été prononcée par l'autorité compétente. En un tel cas, la possession pendant le
temps requis pour prescrire, dispense de rapporter
un acte constatant la suppression ; surtout, si, de
fait, le chemin a été remplacé par deux autres
chemins plus commodes et plus étendus. (C. C. 541.)
11 février 1825. Rouen. S. 26. 2. 218. D. 24. 2. 1.
L. 77. 288.

(Propriété.) La déclaration de vicinalité faite par le Préfet ne préjuge rien sur les questions de propriété et d'indemnité élevées par les tiers ; mais son exécution n'est pas subordonnée au jugement de ces questions par les tribunaux ; en conséquence, le ministre de l'intérieur ne peut ordonner qu'il sera sursis à l'exécution de l'arrêté déclarant la vicinalité, jusqu'à ce qu'il ait été statué par les tribunaux sur la question de propriété. (L. du 9 vent. an 13.) 4 mars 1820. **Arr.** du Cons S. 29. 2. 246.

Le propriétaire d'un terrain sur lequel on a établi un chemin vicinal, a tout recours aux tribunaux pour faire décider la question de propriété du terrain affecté au chemin vicinal ; et la question d'indemnité pour expropriation. 19 mars 1820. Arr. du Cons. S. 21. 2. 53.

De ce qu'un Préfet a qualité pour tracer la direction et fixer la largeur des chemins vicinaux, s'ensuit-il qu'il puisse affecter provisoirement au chemin vicinal, les fonds que les voisins du chemin soutiennent être leur propriété particulière ? (Loi du 9 vent. an 13 ; du Décr. du 16 octobre 1813 et 6 janvier 1814.) De ce que la propriété du voisin n'est pas reconnue par le Préfet, s'ensuit-il qu'il puisse, dès l'instant, affecter le terrain litigieux au chemin vicinal, sauf au voisin spolié, à intenter une action judiciaire pour faire déclarer sa propriété et à courir après une indemnité envers qui de droit ? rés aff. — ne serait-il pas plus légal de déclarer que le terrain n'est grevé que d'un passage provisoire, par urgence de voirie, et d'obliger le Préfet à faire juger de suite par les tribunaux la question de propriété; pour, au cas de succombance du Préfet, procéder à l'expropriation pour utilité publique, par ordonnance royale, et moyennant indemnité préalable? (C. C. 545; Loi du 8 mars 1810.) 12 janvier 1825. Arr. du cons. S. 26. 2. 339.

Quand il s'agit d'un nouveau chemin vicinal à ouvrir, les droits des propriétaires qu'il faut déposséder sont régis par la loi du 8 mars 1810, sur les expropriations pour utilité publique. Mais quand il s'agit seulement de rétablir un chemin vicinal, ou de maintenir un chemin existant, et de lui imprimer le caractère de chemin vicinal, les règles à appliquer sont des règles de pure administration. (C. C. 541.) 1 mars 1826. arr. du cons. S. 26. 2. 351.—D. 25. 3. 32.

(Provisoire.) Lorsqu'il y a doute si un chemin est vicinal, ou une voie privée, un Préfet peut ordonner, par provision, que la voie soit réputée vicinale, encore qu'elle n'ait pas été portée, sur l'état des chemins vicinaux. En tout cas, c'est-là une simple ordonnance de voirie, qui n'a effet ni comme décision sur la propriété, ni comme décision au possessoire dans le sens usuel en justice de paix et parce que c'est une mesure de pure administration, le particulier qui s'en plaint doit parcourir l'échelle administrative, s'adresser au ministre. Ne faudrait-il pas distinguer les cas où l'arrêté local serait fondé sur le besoin de la commune; et le cas où il serait fondé sur l'existence antérieure prise comme signe de propriété communale? (Obj.) 16 février 1825. Arr. du Cons. S. 26. 2.339.

La faculté accordée aux Préfets de déclarer la vicinalité des chemins, par forme provisoire, alors qu'il y a contestation de la part du propriétaire riverain, s'étend au cas où le chemin n'avait pas été antérieurement compris sur la liste des chemins vicinaux. 2. février 1825. Arr. du Cons. S. 26. 2. 340.

(Rétablissement.) Lorsque la direction d'un chemin vicinal a été changée, de fait, par l'usage, la demande formée par un propriétaire voisin, à l'effet d'être autorisé à passer à l'endroit où était anciennement le chemin, constitue, si aucun titre privé n'est invoqué, une véritable action en rétablissement de chemin vicinal; en conséquence, elle ne doit pas être portée devant les tribunaux ordinaire (L. du 9 vent. an 13.) 5 mai 1828. Bordeaux. S. 28. 2. 272. D. 27 2. 102.

(Vicinalité.) La décision rendue par un Préfet, sur la vicinalité d'un chemin, n'est pas tellement de pure administration, qu'au cas de confirmation par le ministre de l'intérieur., il n'y ait bien lieu à recours au conseil d'état, par la voie contentieuse. (L. du 9 vent. an 13. 1.ᵉʳ mars 1826. Arr. du Cons. S. 26. 2. 351. D. 25. 3. 32.

ACQUISITION FORCÉE.

On a généralement peu besoin d'avoir recours à l'expropriation pour cause d'utilité publique en matière de chemins communaux. Les propriétaires d'une même commune ou ceux de communes limitrophes cèdent, presque toujours volontairement, les terrains que les communications vicinales réclament. Ils comprennent qu'il est préférable de recevoir une indemnité réglée de gré à gré, et toujours raisonnnable, plutôt que de courir la chance d'être dépossédés par la loi et de recevoir une indemnité quelque fois moindre. Cependant, comme il arrive qu'on puisse être obligé, dans certains cas, de faire usage de cette loi, nous croyons faire une chose utile en l'insérant dans ce recueil.

LOI

Sur l'expropriation pour cause d'utilité publique.

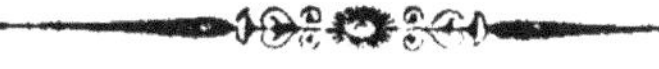

TITRE PREMIER.

Dispositions préliminaires.

Article premier.

L'expropriation pour cause d'utilité publique s'opère par autorité de justice.

Article 2.

Les tribunaux ne peuvent prononcer l'expropriation qu'autant que l'utilité en a été constatée et déclarée dans les formes prescrites par la présente loi.

Ces formes consistent,

1° Dans la loi ou l'ordonnance royale qui autorise l'exécution des travaux pour lesquels l'expropriation est requise ;

2° Dans l'acte du Préfet qui désigne les localités ou territoires sur lesquels les travaux doivent avoir lieu ; lorsque cette désignation ne résulte pas de la loi ou de l'ordonnance royale ;

3° Dans l'arrêté ultérieur par lequel le Préfet détermine les propriétés particulières auxquelles l'expropriation est applicable.

Cette application ne peut être faite à aucune propriété particulière qu'après que les parties intéressées ont été mises en état d'y fournir leurs contredits, selon les règles exprimées au titre II.

ARTICLE 3.

Tous grands travaux publics, routes royales, canaux, chemins de fer, canalisation de rivières, bassins et docks, entrepris par l'état ou par compagnies particulières avec ou sans péage, avec ou sans subside du trésor, avec ou sans aliénation du domaine public, ne pourront être exécutés qu'en vertu d'une loi, qui ne sera rendue qu'après une enquête administrative.

Une ordonnance royale suffira pour autoriser l'exécution des routes, des canaux et chemins de fer d'embranchement de moins de vingt mille mètres de longueur, des ponts et de tous autres travaux de moindre importance.

Cette ordonnance devra également être précédée d'une enquête.

Ces enquêtes auront lieu dans les formes déterminées par un réglement d'administration publique.

TITRE II.

Des mesures d'administration relatives à l'expropria.

ARTICLE 4.

Les ingénieurs ou autres gens de l'art chargés de l'exécution des travaux lèvent, pour la partie qui s'étend sur chaque commune, le plan parcellaire des terrains ou des édifices dont la cession leur paraît necessaire.

ARTICLE 5.

Le plan desdites propriétés particulières, indicatif des noms de chaque propriétaire, tels qu'ils sont inscrits sur la matrice des rôles, reste déposé, pendant huit jours au moins, à la mairie de la commune où les propriétés sont situées, afin que chacun puisse en prendre connaissance.

ARTICLE 6.

Le délai fixé à l'article précédent ne court qu'à dater de l'avertissement, qui est donné collectivement aux parties intéressées, de prendre communication du plan déposé à la mairie.

Cet avertissement est publié à son de trompe ou de

caisse dans la commune, et affiché, tant à la principale porte de l'église du lieu qu'à celle de la maison commune.

Il est en outre inséré dans l'un des journaux des chefs-lieux d'arrondissement et de département.

Article 7.

Le maire certifie ces publications et affiches; il mentionne sur un procès-verbal qu'il ouvre à cet effet, et que les parties qui comparaissent son requises de signer, les déclarations et réclamations qui lui ont été faites verbalement, et y annexe celles qui lui sont transmises par écrit.

Article 8.

A l'expiration du délai de huitaine prescrit par l'article 5, une commission se réunit au chef-lieu de la Sous-Préfecture.

Cette commission, présidée par le Sous-Préfet de l'arrondissement, sera composée de quatre membres du conseil général du département ou du conseil de l'arrondissement désignés par le Préfet, du Maire de la commune où les propriétés sont situées, et de l'un des ingénieurs chargés de l'exécution des travaux.

Les propriétaires qu'il s'agit d'exproprier ne peuvent être appelés à faire partie de la commission.

Article 9.

La commission reçoit les observations des propriétaires.

Elle les appelle toutes les fois qu'elle le juge convenable.

Elle reçoit leurs moyens respectifs, et donne son avis.

Ses opérations doivent être terminées dans le délai d'un mois; après quoi le procès-verbal est adressé immédiatement par le Sous-Préfet au Préfet.

Dans le cas où lesdites opérations n'auraient pas été mises à fin dans le délai ci-dessus, le Sous-Préfet devra, dans les trois jours, transmettre au Préfet son procès-verbal et les documents recueillis.

ARTICLE 10.

Le procès-verbal et les pièces transmis par le Sous-Préfet, resteront déposés au sécrétariat général de la Préfecture pendant huitaine, à dater du jour du dépôt.

Les parties intéressées pourront en prendre communication sans déplacement et sans frais.

ARTICLE 11.

Sur le vu du procès-verbal et des documents y annexés, le Préfet détermine, par un arrêté motivé, les propriétés qui doivent être cédées, et indique l'époque à laquelle il sera nécessaire d'en prendre possession. Toutefois, dans le cas où il résulterait de l'avis de la commission qu'il y aurait lieu de modifier le tracé des travaux ordonnés, le Préfet surseoira jusqu'à ce qu'il ait été prononcé par l'administration supérieure.

La décision de l'administration supérieure sera définitive et sans recours au conseil d'état.

ARTICLE 12.

Les dispositions des articles 8, 9 et 10 ne sont point applicables aux cas où l'expropriation serait demandée par une commune, et dans un intérèt purement communal.

Dans ce cas, le procès-verbal prescrit par l'article 7 est transmis, avec l'avis du conseil municipal, par le Maire au Sous-Préfet, qui l'adressera au Préfet avec ses observations.

Le Préfet, en conseil de Préfecture, sur le vu de ce procès-verbal, et sauf l'approbation de l'administration supérieure, prononcera comme il est dit en l'article précédent.

TITRE III.

De l'expropriation et de ses suites quant aux priviléges, hypothèques et autres droits réels.

ARTICLE 13.

A défaut de conventions amiables avec les propriétaires des terrains ou bâtiments dont la cession est reconnue nécessaire le Préfet transmet au procureur du Roi dans le ressort duquel les biens sont situés la loi ou l'ordonnance qui autorise l'exécution des travaux, et l'arrêté du Préfet mentionné en l'article II.

ARTICLE 14.

Dans les trois jours, et sur la production des pièces constatant que les formalités prescrites par l'article 2 du titre 1er, et par le titre II de la présente loi, ont été remplies, le procureur du Roi requiert et le tribunal prononce l'expropriation pour cause d'utilité publique des terrains ou bâtiments indiqués dans l'arrêté du Préfet.

Le même jugement commet un des membres du tribunal pour remplir les fonctions attribuées par le titre IV, chapitre II, au magistrat directeur du jury, chargé de fixer l'indemnité.

Article 15.

Le jugement est publié et affiché, par extrait, dans la commune de la situation des biens, de la manière indiquée en l'article 6. Il est en outre inséré dans l'un des journaux de l'arrondissement et dans l'un de ceux du chef-lieu du département.

Cet extrait, contenant les noms des propriétaires, les motifs et le dispositif du jugement, leur est notifié au domicile qu'ils auront élu dans l'arrondissement de la situation des biens, par une déclaration faite à la mairie de la commune où les biens sont situés; et, dans le cas où cette élection de domicile n'aurait pas eu lieu, la notification de l'extrait sera faite en double copie au maire et au fermier, locataire, gardien ou régisseur de la propriété.

Toutes les autres notifications prescrites par la présente loi seront faites dans la forme ci-dessus indiquée.

Article 16.

Le jugement sera immédiatement transcrit au bureau de la conservation des hypothèques de l'arrondissement, conformément à l'article 2181 du Code civil.

ARTICLE 17.

Dans la quinzaine de la transcription, les priviléges et les hypothèques conventionnelles, judiciaires ou légales, antérieurs au jugement, seront inscrits.

A défaut d'inscription dans ce délai, l'immeuble exproprié sera affranchi de tous priviléges et de toutes hypothèques, de quelque nature qu'ils soient, sans préjudice du recours contre les maris, tuteurs ou autres administrateurs qui auraient dû requérir les inscriptions.

Les créanciers inscrits n'auront dans aucun cas la faculté de surenchérir ; mais ils pourront exiger que l'indemnité soit fixée conformément au titre IV.

ARTICLE 18.

Les actions en résolution, en revendication, et toutes autres actions réelles, ne pourront arrêter l'expropriation, ni en empêcher l'effet. Le droit des réclamants sera transporté sur le prix, et l'immeuble en demeurera affranchi.

ARTICLE 19.

Les règles posées aux deux articles qui précèdent sont applicables, dans le cas de conventions amiables, aux contrats passés entre l'administration et le propriétaire.

ARTICLE 20.

Le jugement ne pourra être attaqué que par la voie du recours en cassation, et seulement pour incompétence, excès de pouvoir ou vices de forme du jugement.

Le pourvoi aura lieu dans les trois jours, à dater de celui de la notification du jugement, par déclaration au greffe du tribunal qui l'aura rendu.

Ce pourvoi sera notifié dans la huitaine, soit au Préfet, soit à la partie, au domicile indiqué par l'article 15, et les pièces adressées dans la quinzaine à la chambre civile de la cour de cassation, qui statuera dans le mois suivant.

L'arrêt, s'il est rendu par défaut à l'expiration de ce délai, ne sera pas susceptible d'opposition.

TITRE IV.

Du Règlement des Indemnités.

CHAPITRE PREMIER.

Mesures préparatoires.

ARTICLE 21.

Dans la huitaine qui suit la notification prescrite par l'article 15, le propriétaire est tenu d'appeler et de faire connaître au magistrat directeur du jury les fermiers, locataires, ceux qui ont des droits d'usufruit, d'habitation ou d'usage, tels qu'ils sont réglés par le Code civil, et ceux qui peuvent réclamer des servitudes résultant des titres mêmes de propriété ou d'autres actes dans lesquels il serait intervenu; sinon il restera seul chargé envers eux des indemnités que ces derniers pourront réclamer.

Les autres intéressés seront en demeure de faire valoir leurs droits par l'avertissement énoncé en l'article 5, et tenus de se faire connaître au magistrat directeur du jury, dans le même délai de huitaine; à défaut de quoi, ils seront déchus de tous droits à l'indemnité.

Article 22.

Les dispositions de la présente loi, relatives aux propriétaires et à leurs créanciers, sont applicables à l'usufruitier et à ses créanciers.

Article 23.

L'administration notifié aux propriétaires, aux créanciers inscrits et à tous autres intéressés qui auront été désignés ou qui seront intervenus en vertu des articles 21 et 22, les sommes qu'elle offre pour indemnité.

Article 24.

Dans la quinzaine suivante les propriétaires et autres intéressés sont tenus de déclarer leur acceptation, ou, s'ils n'acceptent pas les offres qui leur sont faites, d'indiquer le montant de leurs prétentions.

Article 25.

Les tuteurs, maris et autres personnes qui n'ont

pas qualité pour aliéner un immeuble, peuvent valablement accepter les offres énoncées en l'article 23, lorsqu'ils s'y sont fait autoriser par le tribunal.

Cette autorisation peut être donnée sur simple mémoire en la chambre du conseil, le ministère public entendu.

Le tribunal ordonne les mesures de conservation ou de remploi que chaque cas peut nécessiter.

Article 26.

S'il s'agit de biens appartenant à des départements à des communes ou à des établissements publics, les préfets, maires ou administrateurs, pourront valablement accepter les offres énoncés en l'article 23, s'ils y sont autorisés par délibération du conseil général du département, du conseil municipal ou du conseil d'administration, approuvée par le Préfet en conseil de Préfecture.

Article 27.

Le délai de quinzaine, fixé par l'article 24, sera d'un mois dans les cas prévus par les articles 25 et 26.

Article 28.

Si les offres de l'administration ne sont pas acceptées, ou si, nonobstant l'acceptation du propriétaire, les créanciers inscrits et autres intéresssés déclarent dans la quinzaine de la notification qui leur en est faite, qu'ils ne veulent pas se contenter de la somme convenue entre l'administration et le propriétaire, il sera procédé au règlement des indemnités de la manière indiquée au chapitre suivant.

CHAPITRE II.

Du Jury spécial chargé de régler les Indemnités.

ARTICLE 29.

Dans sa session annuelle, le conseil général du département désigné, pour chaque arrondissement de Sous-Préfecture, tant sur la liste des électeurs que sur la seconde partie de la liste du jury, trente-six personnes au moins, et soixante-douze au plus, qui ont leur domicile réel dans l'arrondissement, parmi lesquelles sont choisis, jusqu'à la session suivante ordinaire du conseil général, les membres du jury spécial appelé le cas échéant, à régler les les indemnités dues par suite d'expropriation pour cause d'utilité publique.

Le nombre des jurés désignés pour le département de la Seine sera de six cents.

ARTICLE 30.

Toutes les fois qu'il y a lieu de recourir à un jury spécial, la cour royale, dans les départements qui sont le siège d'une cour royale, et, dans les autres départements, le tribunal du chef-lieu judiciaire du département (toutes les chambres réunies en chambre du conseil) choisit sur la liste dressée en vertu de l'article précédent seize personnes pour former le jury spécial chargé de fixer définitivement le montant de l'indemnité.

La cour ou le tribunal choisit en outre et en même temps quatre jurés supplémentaires.

Ne peuvent être choisis :

1° Les propriétaires, fermiers, locataires des terrains et bâtiments désignés dans l'arrêté du Préfet pris en vertu de l'article 11, et qui restent à acquérir ;

2° Les créanciers ayant inscription sur lesdits immeubles ;

3° Tous autres intéressés désignés ou intervenants en vertu des articles 21 et 22.

Les septuagénaires seront dispensés, s'ils le requièrent, des fonctions de juré.

ARTICLE 31.

La liste des seize jurés, et des quatre jurés supplémentaires, est transmise par le Préfet au Sous-Préfet, qui, après s'être concerté avec le magistrat directeur du jury, convoque les jurés et les parties en leur indiquant, au moins huit jours à l'avance, le lieu et le jour de la réunion. La notification aux parties leur fait connaître les noms des jurés.

ARTICLE 32.

Tout juré qui, sans-motifs légitimes, manque à l'une des séances ou refuse de prendre part à la délibération, encourt une amende de 100 francs au moins et de 300 francs au plus.

L'amende est prononcée par le magistrat directeur du jury.

Il statue en dernier ressort sur l'opposition qui serait formée par le juré condamné.

Il prononce également sur les causes d'empêchement que les jurés proposent, ainsi que sur les exclusions ou incompatibilités dont les causes ne seraient survenues ou n'auraient été connues que postérieurement à la désignation faite en vertu de l'article 30.

ARTICLE 33.

Ceux des jurés qui se trouvent rayés de la liste par suite des empêchements, exclusions ou incompatibilités prévus à l'article précédent, sont immédiatement remplacés par les jurés supplémentaires, que le magistrat directeur du jury appelle dans l'ordre de leur inscription.

En cas d'insuffisance, le tribunal de l'arrondissement choisit, sur la liste dressée en vertu de l'article 29, les personnes nécessaires pour compléter le nombre des seizes jurés.

ARTICLE 34.

Le magistrat directeur du jury est assisté, auprès du jury spécial, du greffier ou commis greffier du tribunal, qui appelle successivement les causes sur lesquelles le jury doit statuer, et tient procès-verbal des opérations.

Lors de l'appel, l'administration a le droit d'exercer deux récusations péremptoires; la partie adverse a le même droit.

Dans le cas où plusieurs intéressés figurent dans la même affaire, ils s'entendent pour l'exercice du droit de récusation, sinon le sort désigne ceux qui doivent en user.

Si le droit de récusation n'est point exercé, ou s'il ne l'est que partiellement, le magistrat directeur du jury procède à la réduction des jurés au nombre de douze, en retranchant les derniers noms inscrits sur la liste.

ARTICLE 35.

Le jury spécial n'est constitué que lorsque les douze jurés sont présents.

Les jurés ne peuvent délibérer valablement qu'au nombre de neuf au moins.

ARTICLE 36.

Lorsque le jury est constitué, chaque juré prête serment de remplir ses fonctions avec impartialité.

ARTICLE 37.

Le magistrat directeur met sous les yeux du jury :

1° Le tableau des offres et demandes notifiées en exécution des articles 23 et 24;

2° Les plans parcellaires, et les titres ou autres documens produits par les parties à l'appui de leur offres et demandes.

Les parties, ou leurs fondés de pouvoir, peuvent présenter sommairement leurs observations.

Le jury pourra entendre toutes les personnes qu'il croira pouvoir l'éclairer.

Il pourra également se transporter sur les lieux, ou déléguer à cet effet un ou plusieurs de ses membres.

La discussion est publique; elle peut être continuée à une autre séance.

ARTICLE 38.

La clôture de l'instruction est prononcée par le magistrat directeur du jury.

Les jurés se retirent immédiatement dans leur chambre pour délibérer, sans désemparer, sous la présidence de l'un d'eux, qu'ils désignent à l'instant même.

La décision du jury fixe le montant de l'indemnité; elle est prise à la majorité des voix.

En cas de partage, la voix du président du jury est prépondérante.

ARTICLE 39.

Le jury prononce des indemnités distinctes en faveur des parties qui les réclament à des titres différents, comme propriétaires, fermiers, locataires, usagers autres que ceux dont il est parlé au premier paragraphe de l'article 21, etc.

Dans le cas d'usufruit, une seule indemnité est fixée par le jury, eu égard à la valeur totale de l'immeuble; le nu-propriétaire et l'usufruitier exercent leurs droits sur le montant de l'indemnité au lieu de l'exercer sur la chose.

L'usufruitier sera tenu de donner caution; les père et mère ayant l'usufruit légal des biens de leurs enfants en seront seuls dispensés.

Lorsqu'il y a litige sur le fond du droit ou qualité des réclamants, et toutes les fois qu'il s'élève des difficultés étrangères à la fixation du montant de l'indemnité, le jury règle l'indemnité indépendamment de ces difficultés sur lesquelles les parties sont renvoyées à se pourvoir devant qui de droit.

Article 40.

Si l'indemnité réglée par le jury est inférieure ou égale à l'offre faite par l'administration, les parties qui l'auront refusée seront condamnées aux dépens.

Si l'indemnité est égale ou supérieure à la demande des parties, l'administration sera condamnée aux dépens.

Si l'indemnité est à la fois supérieure à l'offre de l'administration et inférieure à la demande des parties, les dépens seront compensés de manière à être supportés par les parties et l'administration, dans les proportions de leur offre ou de leur demande avec la décision du jury.

Tout indemnitaire qui ne se trouvera pas dans le cas des articles 25 et 26 sera condamné aux dépens, quelle que soit l'estimation ultérieure du jury, s'il a omis de se conformer aux dispositions de l'article 24.

Article 41.

La décision du jury, signée des membres qui y ont concouru, est remise par le président au magistrat directeur, qui la déclare exécutoire, statue sur les dépens, et envoie l'administration en possession de la propriété, à la charge par elle de se conformer aux dispositions des articles 53 et 54 suivants.

Ce magistrat taxe les dépens.

Un réglement d'administration publique, qui sera publié avant la mise à exécution de la présente loi, déterminera le tarif des dépens.

La taxe ne comprendra que les actes faits postérieurement à l'offre de l'administration ; les frais des actes antérieurs demeurent dans tous les cas à la charge de l'administration.

ARTICLE 42.

La décision du jury ne peut être attaquée que par la voie du recours en cassation et seulement pour violation du premier paragraphe de l'article 30 et des articles 31, 35, 36, 37, 38, 39 et 40.

Le délai sera de quinze jours pour ce recours, qui sera d'ailleurs formé, notifié et jugé comme il est dit en l'article 20 ; il courra à partir du jour de la décision.

ARTICLE 43.

Lorsqu'une décision du jury aura été cassée, l'affaire sera renvoyée devant un nouveau jury, choisi dans le même arrondissement

Il sera procédé à cet effet conformément à l'article 30.

ARTICLE 44.

Le jury ne connaît que des affaires dont il a été saisi au moment de sa convocation, et statue successivement et sans interruption sur chacune de ces affaires. Il ne peut se séparer qu'après avoir réglé toutes les indemnités dont la fixation lui a été ainsi déférée.

ARTICLE 45.

Les opérations commencées par un jury, et qui

J.

ne sont pas encore terminées au moment du renouvellement annuel de la liste générale mentionnée en l'article 29, sont continuées, jusqu'à conclusion définitive, par le même jury.

Article 46.

Après la clôture des opérations du jury, les minutes de ses décisions et les autres pièces qui se rattachent auxdites opérations sont déposées au greffe du tribunal civil de l'arrondissement.

Article 47.

Les noms des jurés qui auront fait le service d'une session ne pourront être portés sur le tableau dressé par le conseil général pour l'année suivante.

CHAPITRE III.

Des Règles à suivre pour la Fixation des Indemnités.

Article 48.

Le jury est juge de la sincérité des titres et de l'effet des actes qui seraient de nature à modifier l'évaluation de l'indemnité.

Article 49.

Dans le cas où l'administration contesterait au détenteur exproprié le droit à une indemnité, le jury, sans s'arrêter à la contestation, dont il renvoie le jugement devant qui de droit, fixe l'indem-

nité comme si elle était due, et le magistrat directeur du jury en ordonne la consignation, pour la
dite indemnité rester déposée jusqu'à ce que les
parties se soient entendues, ou que le litige soit
vidé.

ARTICLE 50.

Les maisons et bâtiments dont il est nécessaire
d'acquérir une portion pour cause d'utilité publique seront achetés en entier, si les propriétaires
le requièrent par une déclaration formelle adressée
au magistrat directeur du jury, dans le délai énoncé en l'article 24.

Il en sera de même de toute parcelle de terrain
qui, par suite du morcellement, se trouvera réduite au quart de la contenance totale, si toutefois le propriétaire ne possède aucun terrain immédiatement contigu, et si la parcelle, ainsi réduite,
est inférieure à dix ares.

ARTICLE 51.

Si l'exécution des travaux doit procurer une augmentation de valeur immédiate et spéciale au restant de la propriété, cette augmentation pourra
être prise en considération dans l'évaluation de
l'indemnité.

ARTICLE 52.

Les constructions, plantations et améliorations
ne donneront lieu à aucune indemnité, lorsque, à
raison de l'époque où elles auront été faites ou de
toutes autres circonstances, dont l'appréciation lui

est abandonnée, le jury acquiert la conviction qu'elles ont été faites dans la vue d'obtenir une indemnité plus élevée.

TITRE V.

Du Payement des Indemnités.

ARTICLE 53.

Les indemnités réglées par le jury seront, préalablement à la prise de possession, acquittées entre les mains des ayant-droit.

S'ils se refusent à les recevoir, la prise de possession aura lieu après offres réelles et consignation.

ARTICLE 54.

Il ne sera pas fait d'offres réelles toutes les fois qu'il existera des inscriptions sur l'immeuble exproprié, ou d'autres obstacles au versement des deniers entre les mains des ayant-droit; dans ce cas, il suffira que les sommes dues par l'administration soient consignées, pour être ultérieurement distribuées ou remises selon les règles du droit commun.

ARTICLE 55.

Si, dans les six mois du jugement d'expropriation, l'administration ne poursuit pas la fixation de l'indemnité, les parties pourront exiger qu'il soit procédé à ladite fixation.

Quand l'indemnité aura été réglée, si elle n'est

ni acquittée ni consignée dans les six mois, les intérêts courront de plein droit à l'expiration de ce délai, à titre de dédommagement.

TITRE VI.

Dispositions générales.

ARTICLE 56.

Les contrats de vente, quittances et autres actes relatifs à l'acquisition des terrains, peuvent être passés dans la forme des actes administratifs: la minute restera déposée au secrétariat de la Préfecture ; expédition en sera transmise à l'administration des domaines.

ARTICLE 57.

Les significations et notifications mentionnées en la présente loi sont faites à la diligence du Préfet du département de la situation des biens.

Elles peuvent être faites tant par huissier que par tout agent de l'administration dont les procès-verbaux font foi en justice.

ARTICLE 58.

Les plans, procès-verbaux, certificats, significations, jugements, contrats, quittances et autres actes faits en vertu de la présente loi, seront visés pour timbre et enregistrés *gratis*, lorsqu'il y aura lieu à la formalité de l'enregistrement.

ARTICLE 59.

L'orsqu'un propriétaire aura accepté les offres

de l'administration, le montant de l'indemnité devra, s'il l'exige et s'il n'y a pas eu contestation de la part des tiers, dans le délai prescrit par l'article 28, être versé à la caisse des dépôts et consignations, pour être remis ou distribué à qui de droit, selon les règles du droit commun.

ARTICLE 60.

Si des terrains acquis pour des travaux d'utilité publique ne reçoivent pas cette destination, les anciens propriétaires ou leurs ayant-droit peuvent en demander la remise.

Le prix des terrains rétrocédés est fixé à l'amiable, et s'il n'y a pas accord, par le jury, dans les formes ci-dessus prescrites, la fixation par le jury ne peut en aucun cas excéder la somme moyennant laquelle l'État est devenu propriétaire des dits terrains.

ARTICLE 61.

Un avis, publié de la manière indiquée en l'article 6, fait connaître les terrains que l'administration est dans le cas de revendre. Dans les trois mois de cette publication, les anciens propriétaires qui veulent réacquérir la propriété desdits terrains sont tenus de déclarer; et, dans le mois de la fixation du prix, soit amiable, soit judiciaire, ils doivent passer le contrat de rachat et payer le prix : le tout à peine de déchéance du privilége que leur accorde l'article précédent.

ARTICLE 62.

Les dispositions des articles 60 et 61 ne sont pas applicables aux terrains qui auront été acquis sur la réquisition du propriétaire, en vertu de l'article 50, et qui resteraient disponibles après l'exécution des travaux.

ARTICLE 63.

Les concessionnaires des travaux publics exerceront tous les droits conférés à l'administration, et seront soumis à toutes les obligations qui lui sont imposées dans la présente loi.

ARTICLE 64.

Les contributions de la portion d'immeuble qu'un propriétaire aura cédée ou dont il aura été exproprié pour cause d'utilité publique, continueront à lui être comptées pendant un an, à partir de la remise de la propriété, pour former son cens électoral.

TITRE VII.

Dispositions exceptionnelles.

ARTICLE 65.

Les formalités prescrites par les titres I et II de la présente loi ne sont applicables ni aux travaux militaires ni aux travaux de la marine royale.

Pour ces travaux, une ordonnance royale détermine les terrains qui sont soumis à l'expropriation.

Article. 66.

L'expropriation ou l'occupation temporaire, en cas d'urgence, des propriétés privées qui seront jugées nécessaires pour des travaux de fortification, continueront d'avoir lieu conformément aux dispositions prescrites par la loi du 30 mars 1831.

Toutefois, lorsque les propriétaires ou autres intéressés n'auront pas accepté les offres de l'administration, le règlement définitif des indemnités aura lieu conformément aux dispositions du titre IV ci-dessus.

Seront également applicables aux expropriations poursuivies en vertu de la loi du 30 mars 1831, les articles 16, 17, 18 et 20, ainsi que le titre VI de la présente loi.

TITRE VIII.

Dispositions finales.

Article 67.

La loi du 8 mars 1810 est abrogée. .

Les dispositions de la présente loi seront appliquées dans tous les cas où les lois se réfèrent à celle du 8 mars 1810.

Article 68.

La présente loi sera obligatoire à dater de la première convocation générale des conseils généraux de département qui suivra sa promulgation.

Les instances en règlement d'indemnités dont les tribunaux se trouveront saisis à l'époque de cette première convocation, seront jugées d'après les loi en vigueur au moment où l'instance aura été introduite.

Néanmoins, avant le jugement, les parties auront la faculté de demander que l'indemnité soit fixée conformément à la présente loi, à la charge par le demandeur d'acquitter les frais de l'instance faits antérieurement.

RECOUVREMENT ET COMPTABILITÉ.

Il arrive souvent que des irrégularités s'introduisent dans la comptabilité des rôles de prestations pour les chemins vicinaux. Afin de remédier aux inconvéniens qui en résultent, nous croyons convenable de reproduire ici une instruction de 1826 de M. le Ministre des Finances qui a pour objet de régler et de rendre uniforme le recouvrement et la comptabilité des prestations en nature ou en argent, et des impositions locales établies pour l'entretien des chemins vicinaux. Il est important que MM. les Receveurs municipaux se rappellent bien que les divers produits recouvrés, pour les chemins communaux, doivent toujours être constatés distinctement dans leurs écritures, et conserver cette spécialité dans leurs comptes de gestion. Le devoir des Maires est de veiller à l'exécution de cette disposition, comme de toutes celles que contient la circulaire ministérielle qui suit.

INSTRUCTION *du Ministre des Finances sur le recouvrement et sur la comptabilité des prestations en nature ou en argent, et des impositions locales établies pour l'entretien des chemins communaux.*

Mode de recouvrement.

Il importe de considérer d'abord que, sous le rapport du recouvrement, ces produits se partagent en deux classes.

1° L'imposition des cinq centimes additionnels et les autres contributions extraordinaires dont les rôles sont établis par la direction des contributions;

2° Les prestations, subventions et indemnités qui sont recouvrés sur des rôles, actes et autres titres de recette, établis par les autorités locales.

Des impositions additionnelles et extraordinaires.

.Les produits de la première classe sont assimilés en tout point aux contributions directes; ils sont compris dans les rôles dont les receveurs des finances prennent charge dans leur comptabilité, les percepteurs doivent en suivre la rentrée selon le même mode, et leur en tenir compte, comme des autres impositions locales, au moyen de *déclarations de retenue.*

Il n'y a donc aucune nouvelle règle à prescrire pour le modèle de recouvrement de ces produits.

Des prestations, subventions et indemnités.

Quant aux produits de la deuxième classe, notamment *les prestations en nature, rachetables en argent*, il a été adopté dans plusieurs départemens, des dispositions qu'il convient de rendre générales, et qui se reposent sur les bases ci-après :

I. A la réception des rôles de prestations, le percepteur adressera à chaque contribuable y dé-nommé, un *avis* ou *avertissement*, conforme au mo-dèle ci-joint, sous le N° 1, destiné à lui faire connaître le nombre des journées de travail qu'il est tenu de fournir, ainsi que l'évaluation de ces journées en argent.

II. Dans le délai d'un mois après la remise de ces avertissemens, les contribuables doivent décla-rer au Maire de leur commune s'ils veulent payer leurs prestations en nature ou en argent. Le Maire donne avis de ces déclarations au percepteur, pour qu'il en prenne note dans la colonne du rôle à ce destiné. Il est même nécessaire que les percepteurs prêtent aux Maires leurs concours pour recueillir ces déclarations, et qu'ils se concertent avec ces fonctionnaires ou leurs adjoints, pour que les dé-clarations soient reçues au bureau du percepteur.

III. Dans la quinzaine qui suit l'expiration du délai fixé pour les déclarations, un relevé du rôle, comprenant les cotes payables en nature, signé du Maire et certifié par le percepteur, est remis au commissaire chargé de la surveillance et de la direction des travaux, qui doit l'émarger au fur et à mesure de l'acquittement des prestations.

IV. Sur le vu de cet état émargé, et après les vérifications qu'il aurait jugées utiles, le Maire dé-livre à chaque contribuable un *certificat de libéra-*

tion, suivant le modèle N° 2, ci-annexé, que le contribuable doit présenter au percepteur.

V. Le percepteur, en recevant les certificats de libération, émarge ce versement sur le rôle même des prestations, et délivre à chaque contribuable une quittance détachée de son livre à souche.

VI. Le percepteur émarge également sur le rôle des prestations les sommes qui lui sont versées à titre de cotes payables en argent, et délivre aux parties versantes des quittances détachées du livre à souche.

VII. Le recouvrement des prestations de chaque exercice, soit en nature, soit en argent, doit conformément à la loi du 28 juillet 1824, être terminé dans le cours des deux années accordées par l'ordonnance du 23 avril 1823, pour opérer les recettes municipales.

VIII. Les poursuites à exercer pour ce recouvrement doivent, ainsi qu'on l'a dit ci-dessus, être faites selon le mode en vigueur pour les contributions indirectes, et sous la surveillance des receveurs des finances. Toutefois, comme il s'agit de produits communaux, dont le mode de perception est particulièrement confié aux soins de l'autorité administrative, il est nécessaire que ces poursuites soient concertées avec les Maires.

En conséquence, lorsque les percepteurs sont dans le cas d'exercer des poursuites de cette nature, ils remettent au Maire de chaque commune une liste des contribuables en retard, indicative de la somme due par chacun d'eux, soit en argent, soit en journées de travail, et demandent à ce fonctionnaire l'autorisation de poursuivre par voie de garnison collective. Le Maire, après avoir engagé les contribuables à se libérer sans frais, donne, s'il y a lieu, son autorisation au bas même de l'état; et cet état, ainsi approuvé, est soumis au Sous-Préfet pour être déclaré exécutoire, comme en matière de contributions directes, avant que le percepteur commence ses poursuites.

Les percepteurs doivent suivre la même marche pour les poursuites d'un plus haut degré, si elles devenaient nécessaires.

Les états de frais à payer à l'agent de poursuites doivent aussi être visés par le Maire ou son adjoint, et être arrêtés par le Sous-Préfet avant leur paiement.

IX. Lorsque les rôles des prestations présentent des cotes dont le recouvrement ne peut être effectué par les percepteurs à cause de l'insolvabilité des débiteurs, ou pour tout autre motif légitime, les percepteurs doivent, comme pour les contributions directes, présenter des états de ces cotes irrécouvrables par nature de contribution et par commune. Ces états, certifiés par les percepteurs et par les Maires, et exprimant les motifs qui se sont opposés au recouvrement, doivent être remis à la Préfecture dans les premiers mois de la deuxième année de chaque exercice.

X. Les subventions et indemnités réglées en vertu des articles 7 et 8 de la loi du 28 juillet, n'étant prononcés qu'après des expertises contradictoires, le paiement consenti ne doit jamais éprouver de retard. Si cependant il s'élevait des difficultés, il devrait en être référé au Préfet.

Comptabilité des divers produits affectés aux chemins communaux.

Ainsi qu'on l'a dit plus haut, les produits affectés à la réparation des chemins communaux sont perçus :

Les uns, en vertu des rôles dressés par l'administration des contributions directes;

Les autres, en vertu des rôles et autres actes émanés de l'autorité locale.

Conformément aux instructions qui régissent la comptabilité des percepteurs, notamment célles des 8 avril 1820 et du 18 septembre 1825, *toutes les impositions locales dont les rôles sont dressés par la direction des contributions directes*, doivent, quelles qu'en soient la nature et la destination, être enregistrées sur le livre à souche, dans les colonnes de *contributions directes;* mais elles ne sont point versées aux receveurs des finances; les percepteurs en feront la retenue pour les employer aux dépenses municipales qui ont motivé les impositions, et ces *retenues* forment, à l'époque ou les *déclarations* en sont admises par les receveurs des finances, une recette pour le service des communes, que les percepteurs receveurs municipaux doivent constater, en se délivrant à eux-mêmes une quittance détachée de leur *livre à souche*, et dont le montant est alors porté sur ce livre, dans la colonne des *produits divers*.

Quant aux recettes effectuées par les percepteurs sur des rôles ou titres établis par l'autorité locale, elles sont enregistrées au moment même où elles ont lieu, dans la colonne des produits divers sur le livre à souche.

Ces règles doivent être suivies en tout point pour l'enregistrement et la délivrance des quittances des produits affectés aux chemins communaux.

En ce qui concerne les écritures que ces recettes et les dépenses y relatives motivent de la part des percepteurs en qualité de receveurs municipaux ; comme la loi et les instructions précitées exigent qu'il soit compté, d'une manière distincte et spéciale de chaque produit, ainsi que des dépenses auxquelles il est employé, les percepteurs receveurs municipaux doivent tenir, au nom de chaque commune et par exercice un livre de détail spécial, conforme au modèle ci-joint sous le n.º 3.

Ce livre, qui contient des colonnes pour constater chaque nature de recette et de dépense, présente aussi d'une manière distincte, les frais de poursuites relatifs à ces recettes et les remboursemens de ces frais.

Les percepteurs suivront d'ailleurs, pour l'enregistrement des recettes et dépenses sur ce livre, et pour le report des opérations au livre des comptes généraux par service (ou livres des comptes journaux), la méthode qui leur est prescrite pour les autres opérations du service municipal.

En conséquence au fur et à mesure que les percepteurs, en leur qualité de receveurs municipaux, ont effectué nne recette, soit en numéraire, soit en certificats de libération, soit en déclarations de retenue, et que d'après les dispositions rappelées ci-dessus ils ont détaché du livre à souche la quittance à délivrer à la partie versante, ils portent cette recette dans la colone du livre de détail, à laquelle elle s'applique par sa nature.

A l'égard de la portion de recette présentée par des certificats de libération pour travaux exécutés, ces certificats constatent non seulement la recette faite à la charge du contribuable, mais encore le service fait pour la réparation des chemins, et sont par ce dernier motif portés au même instant en dépense dans la colonne du livre de détail à ce destinée.

Les paiemens que le percepteur receveur municipal effectue en numéraire pour la réparation des chemins, en vertu des mendats du Maire, délivrés avec désignation spéciale sur chacun des crédits ouverts à ces dépenses, sont également constatés par le comptable dans les diverses colonnes de la dépense.

Il en est de même des sommes allouées au percepteur pour ses remises, des *frais de confection des rôles de prestations*, et des *avis distribués aux contribuables*, ainsi que du montant des *non-valeurs*.

A la fin de chaque jour, le percepteur forme, sur le livre de détail, les additions de chacune des colonnes qui le composent, et transporte la somme totale de la dépense, au compte général qui est ouvert à la commune dans le livre des comptes journaux.

Ces résultats sont ensuite consignés sur le livre récapitulatif, de la manière prescrite pour les autres *produits divers*.

MODÈLE N. 1

RÉPARATION DES CHEMINS COMMUNAUX.

AVIS ET EXTRAIT DU ROLE.

Arrondissement

d

CANTON

d

Année 183

Le sieur

demeurant

à   est prévenu,

1.° Qu'il est porté sur le rôle de prestations de l'année 183 , rendu exécutoire par M. le Préfet, le pour fournir   journées de travail, suivant le détail qui suit; savoir :

journées d'hommes.
Idem de bœufs.
Idem de vaches.
Id. de chev., jum., mules et mulets.
Id. de chars, charr. ou tombereaux.

TOTAL PAREIL

2. Que le montant de le conversion en argent desdites journées s'élève à , laquelle somme il est tenu de verser *par mois ou par tri mestre, suivant les époques fixées par le Préfet* entre mes mains , s'il déclare vouloir payer en argent et non en nature ;

3. Qu'à dater de ce jour, et *dans le délai d'un mois*, il doit se présenter devant le Maire de sa commune pour faire sa déclaration, et que, faute par lui de remplir cette obligation, sa cote entière sera recouvrée en numéraire.

Le percepteur-receveur municipal ,

DÉPARTEMENT

d

ARRONDISSEMENT

d

Canton

d

Année 183

RÉPARATION DES CHEMINS COMMUNAUX.

CERTIFICAT DE LIBÉRATION.

Le Maire soussigné certifie que le sieur
demeurant à   , a exécuté, ou fait exécuter,
pour son compte, toutes les journées de travail pour lesquelles ce contribuable est porté au rôle de l'année 183   .

A   le   183

Le Maire,

Vu et émargé par le percepteur
soussigné.

DÉPARTEMENT
d

ARRONDISSEMENT
de

COMMUNE

d

N.°

M.   receveur municipal.

EXERCICE.

LIVRE DE DÉTAIL SPÉCIAL

DES RECETTES ET DÉPENSES,

Pour réparations des chemins communaux, à porter au compte ouvert à la commune d sur le livre des comptes journaux.

DATES.	MONTANT du produit à recouvrer,	
		d'après le budget.... F.
		en vertu d'autorisation supplémentaire.... F.
		d'après les rôles.... F.

SOMMES RECOUVRÉES					TOTAL.
SUR LE RÔLE de prestations,		sur les rôles de centimes adition-nels.	sur les fonds de subven-tions et d'indem-nités.	en rembourse-ment de frais de poursuites.	
en certificats de travaux exécutés.	en numéraire				

DATES.	MONTANT du crédit ouvert.	
		par le budjet............ F.
		par autorisation supplémentaire........ F.

SOMMES DÉPENSÉES.					TOTAL.
SUR LES prestations.		sur les fonds de centimes additionnels.	sur les fonds de subventions et d'indemnités	FRAIS de poursuite.	
en travaux exécutés.	en numéraire				

TABLE DES MATIÈRES.

FIN.